子育てと健康シリーズ

育てにくい子には わけがある

感覚統合が教えてくれたもの

木村順

大月書店

はじめに――9

1
「育てにくい」子どもたち
そういう子は昔からいた？――14
「育てにくい」子どもたちの変遷――15
「育てにくさ」をつくりだす原因や要因――16

2
感覚情報の交通整理
脳の栄養――感覚情報――22
感覚情報を「交通整理」する脳のはたらき――23
感覚情報の適切な「交通整理」が「適応行動」をつくりだす――26
「感覚」って何だろう――30
無意識、無自覚に使っている「感覚」――31
◆子どもの「気になるようす」一覧――34

③ 三つの「感覚」の統合とつまずき

子どもたちのよき「理解者」になるために――40

「触覚」のふたつの系統、原始系と識別系――44

生命維持機能にかかわる「原始系」／能動的に注意を向け、触り分ける「識別系」／「原始系」と「識別系」のバランスが大切／「触覚防衛反応」の状態像／「触覚防衛反応」のメカニズム／「触覚防衛反応」がつくり出す心のゆがみ／「触覚防衛反応」への対応策／「識別系」を育てよう

手足を自由に動かすときに使っている「固有覚」――66

「固有覚」がうまくはたらかないと……

からだの傾き、回転などを感じる「平衡感覚」――71

平衡感覚のセンサー／「平衡感覚」を受けとめる回路と「姿勢調節」の回路／「平衡感覚」を受けとめる回路と「姿勢」の崩れ／「平衡感覚」を受けとめる回路と「眼球運動」の回路／「目が回りにくい」子どもたち／「眼球運動」の未発達と「周辺視あそび」／「平衡感覚」を受けとめる回路と「多動」／「平衡感覚」の鈍さを改善するには／「平衡感覚」と「自律神経系」や「情緒・情動」との関係／揺れが怖い「重力不安」「姿勢不安」

感覚の種別をこえた身構え反応＝「感覚防衛」――89
「ボディイメージ」と「ラテラリティ」――91
「ボディイメージ」って何だろう／「ボディイメージ」の未発達から起こること
／「ボディイメージ」から「運動企画」へ／「脳」のはたらきと「利き側」の発達
／「平衡感覚」のはたらきと「正中線」／「ラテラリティ」の発達と「言語中枢」
のはたらき

4

事例別アドバイス

落ち着きのないA君――108
ケンカがたえないB君――111
不器用なC君――115
よく物にからだをぶつけるDちゃん――118
乱暴で手加減ができないE君――121
プールを嫌がるFちゃん――127
特定の音を怖がり、耳ふさぎをするG君――131

5 教育・保育・療育現場の方々へ

育てる側の心構え――140
「ハウツー」を学ぶ以上に／ことばにならない子どもの「気持ち」を受けとめて
子どもの「自己有能感」を育てよう――143
「自己有能感」を育てるための五つのポイント
中途半端なアドバイスが親子を悩ませている――151
「発達的視点」と「療育的視点」――154
「発達的視点」……自己挑戦力と自己修正力、未学習と誤学習／「療育的視点」……根拠となる「評価」にもとづき「仮説」を立てる
「職人芸」にとどまらず「専門職」としての技術へ――163
「親」の役割と「職員」の役割――165
「楽しい」子育てと、「正しい」保育・教育・療育／「指導」ではなく「支援」の対象としての「親」／「ホームプログラム」をアドバイスできる力量
親の数だけ育て方がある――172

あとがき——175
参考文献——177

はじめに

今日、子どもたちの育ちや発達にかんして、社会生活を送っていくうえでの態度や行動面での低下が取りざたされています。運動のマヒや知的障害、視力や聴力などのあきらかな障害がないにもかかわらず、「落ち着きがない」「だらしがない」「身のまわりの整理が下手」「不器用」「衝動的である」「ひとの話をきちんと聞けない」「自分の気持ちをことばであらわすことが苦手」「友だちとのかかわりをうまくつくることができない」「キレやすい」などといった問題です。

そういった子どもたちは、本当に増えてきているのか、もし増えてきているとしたら原因は何なのか、そのあたりについては、まだまだ解明されていないのが実情でしょうが、育てている側の親や現場の保育者、教師にすれば、「育てにくさ」を実感している方も多いでしょう。

さらに、「学習障害（LD＝Learning Disabilities)」や「注意欠陥多動性障害（AD／HD＝Attention Deficit/Hyperactivity Disorder)」、「アスペルガー症候群」、「軽度発達遅滞」といわれる子どもたちも増えてきたといわれます。

これらは、基本的には「知的な障害がない」ということが前提なので、「わかっているはずなのに、なぜ立ち上がるのか」とか、「わかっているのに、どうしてじっとできないのか」と叱られることが多いのです。

それぞれの障害についてのくわしい説明は、ほかの専門書に譲りますが、このような「診断名」がついているかどうかは別として、親や指導者にとっては「育てにくい」子どもたちであることには変わりありません。

そして、親が「育てにくさ」を感じていても、保健センターや病院の検査では、「知能検査の数値は正常なので問題はありません」「この時期の子どもにはありがちな状態像です」「親が責任をもって、愛情深く育てることが大切です」という程度のコメントで帰される場合が多々あることも事実です。なのに毎日の生活のなかでは、先に挙げたようなようすがみられると、「しつけ」の仕方をまちがったのだろうか、甘やかしすぎたのだろうか、育て方に問題があったのでは？　と自分を責めて悩んでいる親御さんも多いのではないでしょうか。なかでも、母親が自分を責めて悩んでしまうのは、「周囲の理解のなさ」も一因かもしれません。父親をはじめ、おじいちゃんやおばあちゃん、親戚たち、地域の人々、さらには検査をした職員たちからも「お母さんの育て方に問題があるのでは？」と心ないことばをかけられ、傷ついているケースが少なくありません。巷《ちまた》にあふれる育児や教育に関する情報のなかにも、子どもが抱える問題の原因は、「親のしつけ」の仕方にあるとするものも少なくなく、それらの情報に翻弄されることも多いでしょう。

しかし、「学習障害」や「注意欠陥多動性障害」「アスペルガー症候群」「軽度発達遅滞」といわれる子どもたちの状態像の背景には、「脳の機能不全」があるという事実をまず強調しておきたいのです。具体的には、脳細胞が大きくダメージを受けているわけではないけれども、配線回路がうまくつながっていないとか、機能（＝はたらき）の部分で偏りや遅れがある可能性が高いということです。そして、その機能不全を起こしている場所によって、症状の出かたはさまざまになってきます。基本的には「知的には正常、あるいはＩＱは一〇〇以上あったりする」ために、脳の機能不全であることに気づきにくい場合が多く、周囲の誤解を受けやすくなっています。

そこで、本書では、とりあえず「育てにくい」子どもたちの状態像を、何らかの原因で「脳」の配線回路にトラブルが生じ、そのために起きている「適応行動」の崩れとして考えてみたいと思います。そこが理解できると、「育てにくい」子どもたちに対して、「これまで、あなたは本当に苦労して生きてきたのね」と思えるようになるでしょう。子育てのなかで、また保育・教育活動のなかで、ここは配慮してあげる、こういう活動を多く取り入れてあげる、というような方向性が見えてきやすくなると思います。

1

「育てにくい」子どもたち

そういう子は昔からいた？

あきらかな障害児ではないにしても、何かしら育ちや発達が気になる子どもは昔からいたという調査があります。古くは一九七〇年代、日本体育大学教授（当時）の正木健雄先生がいくつもの本や文献で発表されています。しかし、当時は「アレルギー」や「ムシ歯」の子どもが増えていたり、「姿勢が悪く」なっている、「体力が低下」しているといった身体機能や運動機能の異変についての指摘でした。『子どもの身体は蝕まれている』（柏樹社、一九七九年　絶版）という本がセンセーショナルであったことを覚えておられる方もいるでしょう。正木先生は、同じ時期に『子どもの体力』（大月書店、一九七九年）という本もお書きになっておられます。その後『おかしいぞ子どものからだ』（大月書店、一九九五年）という本なども出されておられるのでお読みになった方もいらっしゃると思います。

また、当時の子どもたちの「手の不器用さ」も指摘されています。ちょうどこのころ、鉛筆削り機が普及し、鉛筆を切り出しナイフやカッターナイフで削れない子が増えてきて、子どもの手の不器用さが話題になりました。当時『子どもの遊びと手の労働』（子どもの遊びと手の労働研究会、あすなろ書房、一九七四年）という本では、「手のムシ歯」という表現で、手が本来の機能を失いつつあることに警鐘を鳴らしていました。同研究会（通称、手労研）は、現在も活動を続けています（下記ホームページ参照）。

時代的には、卵を割ることができない、靴のひもを結べない、ボタンのとめはずしが苦手、箸の使い方が下手など、生活習慣やしつけの喪失現象と重ね合わせて問題になったため、これらの問題も、子どもたちの生活体験の経験不足とともに、マスコミでは「親のしつけ」に問題があるかのように報道されてきた経緯もあるようです。

「育てにくい」子どもたちの変遷

さらに、一九八〇年代以降になると、朝から体温があがらず、一時間目の授業から生あくびをするような低体温児も増えてきて、だんだんと子どものからだの不調が社会的な問題になってきました。さらには、身長・体重などの「体格」はよくなってきているけれど、「基本的な運動能力」が低下してきているとか、反射神経や「自律神経系」に問題が出てきていることなども指摘されはじめました。

そして、今日、冒頭に述べた「落ち着きがない」「だらしがない」「身のまわりの

手労研ホームページ　http://terouken.jp/

整理が下手」「不器用」「衝動的である」「ひとの話をきちんと聞けない」「自分の気持ちをことばであらわすことが苦手」「友だちとのかかわりをうまくつくることができない」「キレやすい」などといった「行動面」や「社会性」の崩れやゆがみが大きく取りあげられるようになってきました。

文部科学省は平成一四年度の小中学校の全国調査から、普通学校の生徒のなかで、

(1) 学習面か行動面で著しい困難を示す　六・三%
(2) 学習面で著しい困難を示す　四・五%
(3) 行動面で著しい困難を示す　二・九%
(4) 学習面と行動面ともに著しい困難を示す　一・二%

という数字を発表しています（参考文献1参照）。しかし、現場の先生方や校長先生方の話を伺うと、「六%どころじゃない、一〇%はいる」といわれる学校もあります。普通学級には、問題をかかえている生徒が少なくとも一クラスあたり数名はいる計算になります。

「育てにくさ」をつくりだす原因や要因

それらの原因や要因は、まだ解明されたわけではないし、決して単純なひとつの

原因だけで説明できるものではないでしょう。しかし、要因としては、いくつもの指摘がなされているので、本書をお読みになっている方も心当たりはあるかと思います。

そのうちのひとつに、食品添加物や環境ホルモンなどの化学物質に原因を求める意見があります。

食べ物とは別に、幼児期に受ける予防接種のワクチンの防腐剤に含まれている水銀成分が「脳」にダメージを与えるという報告も、一時話題を呼びました。

別の視点では、昔だったらあきらかに「脳」に障害を受けていた子どもたちが、周産期医学の進歩によって、「大きな障害」を残さずに無事に生まれてくるようになったという意見もあります。「脳」に大きなダメージを受けずに済んだものの、「わずかな脳のダメージ」を残していたりすることが考えられます。事実、一〇〇〇グラム未満で生まれた、いわゆる超未熟児の追跡調査をしていくと、高頻度に「不器用」であるとか「ことばの遅れ」「落ち着きがない」といった状態や「学習障害」「注意欠陥多動性障害」「アスペルガー症候群」のような症状をしめしているという報告もあります。未熟なままで生まれてくるというのは、それだけ「脳」にダメージを受けやすいということなのでしょう。

ことの原因や要因を、社会・教育学的な視点から見ると、「子育て環境」の変化としてとらえることができます。日本のいわゆる高度経済成長の時代は、人口の都市への集中が一気に進行し、日本の産業構造が大きく変わりました。大都市に人口が集中し、地方は過疎化がすすみました。大都市は工場労働者を大量に必要とし、サラリーマンが増え、「核家族化」が一気にすすみました。「共働き」もあたりまえになっていきました。

しかし、「核家族化」と「都市」での新しい生活スタイルは、一方で伝承的に受け継がれてきた「子育て文化」を途切れさせることにもつながりました。さらに大家族のなかでは、誰かしらの手を借りながら行われてきた子育てが、一気に母親ひとりの肩の上にのしかかるようにもなってきたのです。つまり、今を生きる子どもたちの問題は、個別の家族の問題だけではなく、日本という国の歴史とも深くかかわってくるということになります。

さらに、一九八〇~九〇年代のバブル景気の時代、私たちの生活スタイルや子どもたちの暮らし、あそびは大きく変貌しました。ビデオとテレビゲームが爆発的に普及したのです。ここに問題の原因や大きな要因を求める声もあります。

何が正しいのか、一概には言えませんし、ひとつの原因だけをとりあげて結論を出すことは厳につつしまなければなりません。しかし、昔に比べて「育てにくい」子どもたちが増えたことの背景の「仮説」として、昔はそんな子たちも自然治癒しやすい環境があったという可能性については検討してみてもいいかもしれません。たっぷりと「外あそび」ができる環境と、子どもどうしの「縦割りのあそび集団」があり、豊かなあそびが保証されていた時代には、発達の機能がめいっぱい促進されて、自然治癒できたという考え方です。

子どもたちは育っていく環境によって、「脳」のはたらきが活性化したり、停滞したりします。かといって「昔に帰れ」というのは無理な話です。大自然のなかであそばせようと思っても場所はないし、縦割り集団をつくろうと思っても、あそび文化自体が伝承されていなければ意味がありません。ならば、その意味をわかったうえで、教育的配慮のもとに、指導者たちが縦割り集団を組織してあげたり、子どもたちに活発にからだを動かすあそびを提案してみてはいかがでしょうか。つまり、「育てにくい」子どもたちの「脳」を育てるという新たな視点から再構築し、それを子育て・保育・教育環境に反映させていくことができれば、解決の糸口が見えてくるのではないでしょうか。

いずれにしろ、「育てにくい」子どもたちの増加については、何が原因なのかまだよくわかっていません。いろいろな主張が混在している段階で、「親の育て方が悪い」と決めつけるのもおかしな話ではないでしょうか。そこには、解決の糸口につながる根拠はありません。

この本ではまず、「子どもたちの生活・あそび環境」や「脳」の発達という視点から、何が見えてくるかを考えてみたいと思います。

そのために、まず「脳」の話から始めましょう。

2

感覚情報の交通整理

脳の栄養――感覚情報

脳が栄養にしているのは、呼吸で得られる酸素と、食物から得られるタンパク質・ブドウ糖・アミノ酸など、物質としての栄養であることはご存じのことと思います。しかし、それ以外に、「感覚情報」が重要であることは意外に見落とされがちです。

ちょっと極端な例かもしれませんが、具体的なことで考えてみましょう。ここに生まれたばかりの赤ちゃんがいます。この子をテレビの前に置きっぱなしにしておいて、見る機能（視覚回路）が豊かに育つなどと考える人はいないでしょう。ガンガンとＢＧＭが鳴り響くパチンコ屋に連れて行っても、聴く機能（聴覚回路）が順調に育つわけではありません。むしろ、それらは、生まれたばかりの赤ちゃんの未熟な脳からみると過剰刺激になってしまいます。その脳の状態に見合った刺激ではないからです。

逆に、今まで元気に畑仕事をしていたお年よりが、骨折で長期間安静をとるために寝たきり生活を強いられたとしましょう。数カ月後、骨折は治ったけど認知症（痴呆）になっていたという話をよく耳にします。これは、寝たきりという刺激不足の環境に置かれたために、脳のはたらきが低下してしまった＝脳の老化が急速にすすんだことを意味します。

赤ちゃんの場合でもお年よりの場合でも、共通に言えることは、脳が育つためには、そして正常な機能を維持するためには、量的にも質的にも、**「その脳の状態に見合った感覚情報**」が必要だということです。

子どもたちの「からだの育ち」や「身体運動」の衰えが気になる現代、ともすると、筋肉や骨の成長のほうが問題視されがちですが、この本では、「運動・動作・行動」の背景にある「脳」のはたらきと、そのために必要な「感覚」の役割に目を向けてみたいと思います。

感覚情報を「交通整理」する脳のはたらき

アメリカの作業療法士で、**エアーズ**（Anna Jean Ayres, 1923～1988）という人がいました。彼女は、発達につまずきのある子どもたちのための、あるリハビリテーション技法の体系で「**感覚統合療法**」という領域を構築しました。今から半世紀ほど前のことです。もともとは、当時、アメリカの学校教育のなかでクローズアップされてきた「学習障害（ＬＤ）児」を対象にした療法として開発されたものです。

それまで、心理や教育の立場からアプローチされていた「学習障害」に対して、医学の立場から光をあて、「脳のはたらきの偏りやひずみ」として解明していった功績は評価されるべきものです。

「感覚統合療法」は、その後の実践で、「自閉性障害」や「脳性麻痺」「知的発達障害」、あるいは「認知症」や「統合失調症」の治療にも応用されはじめています。技法やその有効性には疑問の声もありますし、「学習障害」のすべてが治るわけではありませんが、いくつかの症状を改善することは可能です。今後の研究、発展が期待される分野であることは確かです。

ちなみに、日本では「**日本感覚統合学会**」という学術団体が、入門コースや認定講習会など、さまざまな講習会を開いています（下記ホームページ参照）。本書は、「感覚統合」そのものをテーマにはしていませんし、ましてや「感覚統合療法」の専門書ではありませんので、〝くわしく〟あるいは〝正確に〟学びたい方は、ぜひ同学会に問い合わせてください。

エアーズの「感覚統合理論」を理解しようとすると、脳についてのくわしい知識が必要となります。しかし、そのすべてを学ぼうとすると、膨大なページが必要になりますし、先に述べたように本書の主旨ではないので、脳の話に触れないわけにはいきませんが、かなり要約した説明になっていることもご了承ください。

感覚統合学会ホームページ　http://si-japan.net/

前おきはこの程度にして、それでは、エアーズ自身は「感覚統合」をどのように説明しているかをご紹介したいと思います。それは、「脳に入ってくる様々な感覚情報を、目的に応じて整理し、秩序だったものに構成すること」（エアーズ著／鎌倉矩子他訳『感覚統合と学習障害』協同医書）なのだそうです。チンプンカンプンでしょうか？　私もはじめてこの文章を読んだとき、まるでピンとこなかったことを覚えています。では、誤解をおそれずに「木村流」に言い換えてみると次のようになります。

「脳に流れ込んでくるさまざまな感覚情報を『交通整理する』脳のはたらき」

いかがですか？　これで少しは理解しやすくなったでしょうか。たとえば、道路には「信号機」があり、赤・黄・青の色で交通の流れを切りかえています。また、「道路標識」によって、ここは自動車専用道路だから人や自転車は入れない、ここは歩行者専用道路だから車やバイクは入れない、といった交通規制をします。あるいは、一方通行の道路を指定したり、大型車は進入禁止にしたりなど、さまざまな手だてを講じて「交通整理」をしています。そうすることによって、交通渋滞を緩和したり交通事故を未然に防ぐことができるわけです。

感覚情報の適切な「交通整理」が「適応行動」をつくりだす

それと同じことが、私たちの「脳」のなかでも起きていると考えてください。まだ、ピンとこないでしょうか？では、こんなことを想像してみてください。「ふだん、通勤途中や買い物に出た際に、家から目的の場所に着くまでに何台の自転車とすれちがいますか？」おそらく、ほとんどの方が「？？？……」でしょう。これは、みなさん方の「視覚」に障害があるからでもなく、「数える能力」（＝知能）が低下しているからでもなく、はたまた「注意」の機能障害が生じているのでもありません。なのに、台数は出てこないでしょう。この事実が実は「感覚統合」の産物なのです。私たちの「脳」は、「今自分にとって必要な感覚情報」には、「脳」の回路として青信号を点《とも》らせて所定の場所まで信号を伝えます。それに対して「不必要な情報」

感覚情報の交通整理

には、赤信号を点らせてシャットアウトしてしまいます。つまり「感覚情報の取捨選択」をしているわけです。これによって、私たちの「適応行動」、今の場合でいうと、会社にたどり着くことやスーパーマーケットに行くことが難なくできるのです。私たちの脳のなかでは、このように「感覚情報の交通整理」をすることによって、たとえば「注意の集中・持続」が保障されているのです。この例は、「感覚統合」のひとつの側面にすぎませんが、大切なことは、「脳」のなかで「感覚の交通整理」が適切になされることによって、「適応行動」と呼ばれる、目的に応じた行動やその場に見あった行動が保障されているということです。

ちなみに、その昔、目から入る映像でも耳から入る音でも、何でも「青信号」が点ってしまって、そのために小学校を一年生の一学期の途中で「退学」させられた女の子がいました。小学校で退学があるのだから戦前の尋常《じんじょう》小学校での出来事ですが、おわかりですよね、黒柳徹子さんの『窓際のトットちゃん』のエピソードです。彼女は、窓の外をチンドン屋さんが通ると、授業をしている先生の声ではなく、チンドン屋さんの音に青信号が点ってしまいます。そして、窓際に駆けよっていってチンドン屋さんと話をはじめてしまいます。同様に、視野の周辺で小鳥が飛んでいるのに気がつくと、彼女の視覚の回路は、黒板や教壇の先生のほうではなく鳥のほうに青信号が切りかわってしまいます。加えて、おしゃべりするために使う回路は、青信号が点りっぱなし。人の話を聴くときに使う回路は、赤信号が点りっぱなし。その結果、何度も先生に叱られ、廊下に立たされ、挙げ句の果てに小学校一年生で「退学」という憂き目にあったわけです。

この例ひとつを見ても、「感覚統合」がいかに「適応行動」の形成に深くかかわっているかがわかっていただけると思います。

話は少し横道にそれますが、トットちゃんは、その後「トモエ学園」という私立の学校に転校し、そこで小林先生というすばらしい校長先生との出会いを通して、「症状」がだんだんと緩和されていきます。

具体的には、小林校長先生は、いつもトットちゃんを抱きとめながら「君は本当は良い子なんだよ」と、その存在を一〇〇%受けとめ、そのことで彼女の「自己有能感」が回復していったのです。また、彼女のエピソードとして、こんなことも語られています。

トモエ学園に初めて行った日、校長先生は私に、「なんでも、好きなことを話してごらん、全部」と、おっしゃって、私は、六歳の子どもの話せる、それまでの全人生を話した。あとで母に聞いたら、たっぷり四時間。

（『女性セブン』二〇〇〇年一二月六日、小学館）

尋常小学校に通い続けて、いつも叱られ廊下に立たされていたら、トットちゃんの「自己有能感」は干からび、枯れ果てていたことでしょう。そして、今の成功もなかったはずです。

加えて、ここからは私の推測の域を出ないのですが、トモエ学園で導入された「リトミック」の活動が功を奏した可能性があります。今まで「音」刺激に振り回されていたトットちゃんです。しかし、リトミックの活動のひとつに、音楽に合わせて動いたり止まったり、あるいは、歩き方を変えたりといったプログラムがあります。ここで、「音の情報」から「行動統制能力」を回復させていく学習が積み上げられたことがうかがえます。また、「音声言語」としては、機関銃のようにしゃべりまくってしまう行動も、やはり、リトミックの活動でコントロールする力がトレーニングされたと思われます。

そして、彼女の「落ち着きのなさ」や「過剰なおしゃべり」は、「個性」と呼べる範囲に収まり、やがて女優として歩みはじめたときには、あの独特の「タレント性」を醸し出したのでしょう。今は「個性的」であり独特の「タレント性」と呼べるものですが、元をたどれば「感覚統合」がうまくいかなかったがための「症状」であったことは事実でしょう。付け加えると、トットちゃんの脳のなかでは、「計算」に使う回路はとうとう交通整理できないままで、いまだに暗算や計算はかなり苦手のようです。
トットちゃんの逸話からは、

(1)「感覚統合」のつまずきは、「知的障害」や「運動障害」の有無には関係なく生じる症状であること。

(2)その結果、「適応行動」が崩れていても、指導者側に理解力がないと、本人の「努力不足」や「なまけ心」「しつけが不十分」という「誤解」が生じ、「叱る」「罰を与える」といった「誤った対処」がなされやすいこと。

(3)さらに、そのことによって、子どもの「自己有能感」が削り取られかねないこと。

(4)しかし、その子の存在を受けとめていく教育的配慮と適切な指導のもとでは、「個性」として花開く可能性を含んでいること。

など、さまざまなことを学ぶことができます。これらのことについては、紙面の都合上、これ以上は割愛させていただきますが、本書とあわせて『窓際のトットちゃん』(講談社文庫、一九八四年)もお読みいただければと思います。

「感覚」って何だろう

では、そもそも「感覚」とは何をさすのでしょう? 一般的によくいわれるのは、視覚・聴覚・味覚・嗅覚・触覚の五つ。いわゆる「五感」といわれるものです。「五感」には共通項があります。「意識しやすい」「わかりやすい」ということです。みなさんのなかで、「聴覚」や「視覚」や「嗅覚」の感覚を、いつ使っているか、覚えがないという人はいないでしょう。「意識しやすい」「自覚しやすい」ということは、いつ、どう使っている感覚なのかがよくわかるということです。ですから、私たちは、「聴覚」は音の情報をとらえる感覚で、耳から入ってくるものであることを知っています。「視覚」は、物のかたちや色、明るさや奥行きといった映像情報を受けとめる感覚であることもわかります。「嗅覚」も「味覚」も同様です。「さっきジュースを飲んで、甘かった」という「味覚」も意識できます。パン屋さんの前を通ったときのパンが焼ける香りに、おなかがグーッと鳴ることもあります。ただ、「触覚」に関しては、自覚している部分と無自覚で使う部分がありますので、これについては、後でくわしく解説したいと思います。

無意識、無自覚に使っている「感覚」

ところが、私たちが日常の生活のなかで、姿勢や運動、動作、あるいは行動や態度をコントロールするためには、これ以外にとても重要な感覚があります。具体的に挙げると次の三つです。

(1) 触覚（表在感覚）
(2) 固有覚（深部感覚）
(3) 平衡感覚（前庭覚）

何だか、聞いたこともない感覚が出てきましたね。ひとつ目の「触覚」は「五感」のなかにも含まれてはいましたが、「五感」というくくりで理解するよりは、はるかにくわしく学んでいく必要のある感覚であり、くわしくはこの後のお話をお待ちください。

ふたつ目の「固有覚」は、筋肉や関節というからだの奥のほうから生じる感覚なので、深部感覚ともいわれます。こちらは、名前すら聞いたことがない人がほとんどでしょう。お年よりは「最近どうも耳が遠くなってきた」という会話をしますが、「最近どうも固有覚が遠くなってきた」なんて言いませんね。ふだん、どんなふうに使っているか、いつ使っているか自覚すらしていないので、ことばに出して語ることなんてできないのです。

自覚しにくい３つの感覚

三つ目の「平衡感覚」ですが、「これはわかった、バランス感覚のことでしょ！」とお気づきの方もおられるでしょう。確かにその通りなのですが、これも、ほとんど無自覚に使っている感覚のひとつです。

これらの三つの「感覚」のしくみやはたらきを知ると、「自閉性障害」や「学習障害」「注意欠陥多動性障害」、あるいは、「育てにくい」子どもたちの「背景」が見えてきやすくなるのです。言いかえれば、これらの感覚のネットワークが「脳」のなかでうまく「交通整理」されていなかったらこんな状態像になっていくのか、こんな「適応行動」の崩れが生じてしまうのか、ということが見えてくるでしょう。そして、「あ、そういうことだったのか」と納得してもらえるでしょう。だからこそ、「誤解」にもとづく対処ではなく、「理解」にもとづく指導や育て方が見いだしやすくなるのです。

「感覚統合」という視点は、従来の常識の範囲では、とうてい見えてこない部分に光をあて、浮き彫りにしてくれます。見えない部分が見えてくる。それが「感覚統合」を保育・教育・療育に活かすポイントです。

子どもの「気になるようす」一覧

「感覚統合」のつまずきとは、つまり「触覚・固有覚・平衡感覚」のネットワークの発達が混乱している＝交通整理できていない状態であるとお話ししてきました。以下に、そうした状態に由来する症状をリストにしてみました。ただし、私の実践（臨床経験）の多くが幼児期の子どもたちでしたので、リストの内容も「幼児期」の子どもを育てている親御さんからの訴えで多かったものを、列記し、分類しただけのものです。ですので、これですべての「感覚統合」のつまずきが表されているわけではないことをお断りしておきたいと思います。また、分類の基準も、私が分けてみただけですので、「感覚統合」の分野ではこのように分けるのだというような誤解もなさらないようにお願いいたします。

なお、ここに挙げている内容は、程度の差こそあれ、「自閉性障害」の子どもの過半数にかかわってきますし、「学習障害」や「注意欠陥多動性障害」の子どもたちの状態ともかなり重なっています。あるいは「育てにくい」子どもたちの状態像ともかなり重なってくる部分があります。

(1)「態度」の問題

□落ち着きがない。たえず動きまわっている
□じっと座っておれず、すぐに離席してしまう
□おもちゃであそぶが、つまみ食い的で、じっくりあそべない
□まわりに気が散ってしまい、集中力がない
□〝だらだら〟している。覇気がない。やる気がない・だらしがない
□座っていても、からだを揺らしたり声を出したりしている
□何をするともなく、フラフラ動きまわることが多い
□目つきが悪い
□まなざしが合いにくい。視線回避行動がみられる
□本人からは近づいてくるのに、こちらから近づくと避ける、嫌がる

(2)「こだわり」や「パターン行動」

□高いところに登ることが好き
□ジャンプや飛び降りあそびばかりやっている
□あそび方がパターン的で、工夫や発展がない
□窓やドアが少しでも開いていると、閉めてまわる
□ブロックやおもちゃの自転車を、整然と並べてあそぶことしかしない
□物の置き場所を変えると、元に戻してしまう
□たえず、クルクル回ったり、手をヒラヒラさせたりする

(3)「不器用さ」や「姿勢の崩れ」

●全身運動の不器用さとして
□家具やドアに、よくからだをぶつけている

□公園の遊具で、上手にあそべない。遊具の合間をぬって走り回っているだけ
□お遊戯や音楽体操などでうまくからだがついていかない、動作模倣が下手
□キャッチボールや、ボール蹴りあそびが苦手
□ジャングルジムに登り降りするが、くぐることは苦手
□トンネルあそびなどの、くぐりぬけるあそびを嫌がる

●手の不器用さとして
□手を使うときに、ちゃんと手元を見ない
□箸やスプーン、フォーク、ハサミが上手に使えない
□筆圧が弱い
□ボタンのとめはずしが下手など、着替えに時間がかかる
□うた手あそびなどでの模倣動作が苦手

●姿勢の崩れとして
□からだがグニャグニャしていて、姿勢がシャキッとしない
□椅子に座っていても、猫背になって顎を突き出したような姿勢になる
□椅子に座っていると思っていたのに、いつの間にか床に落っこちている
□床に寝そべってあそんでいることが多い
□頬づえをついて座っていることが多い

(4)「不安がる」ことや「嫌がる」ことが多い
□人前に出ることを極端にはずかしがる、ものおじする
□はじめての場面を嫌がったり、怖がったりする。臆病な性格に見える
□他人が自分の「すぐ後ろ」を歩いていると不安がる
□室内プールや講堂のように、空間が広いところに入りたがらない

□室内プールや講堂のように、音が反響するところを怖がる
□オートバイや自動車のエンジン音でビクッとする、耳ふさぎをする
□打ち上げ花火やスターターのピストル音でビクッとする、耳ふさぎをする
□ちょっとした物音でも、聞き慣れないと怖がる
□電車のブレーキの「プシュー」というコンプレッサー音を怖がる
□赤ちゃんやほかの子どもの「泣き声」を嫌がる、耳ふさぎをする
□テレビなどで、特定のコマーシャルが流れると消しにいく、逃げる
□ショッピングセンターなど、人が集まっているところに入りたがらない
□ブランコやトランポリンなど、揺れる遊具であそぶのを嫌がる、怖がる
□すべり台の上など、高いところを怖がる
□トンネルくぐりや仕切られた場所（箱のなかなど）に入るのを怖がる

(5)「感覚あそび」や「感覚へのこだわり」がいつまでも続く

□水面をピチャピチャたたく、紙を細かくちぎって混ぜる等に没頭する
□おもちゃをなめる、口に入れることが多い（赤ちゃんのときのように）
□ゴミでも木の葉でも何でも、口に入れてしまう
□唾こねあそびが長く続く
□指しゃぶりや爪かみが続く
□人の髪の毛を、口先や指で触りたがる
□すぐに、においをかぎたがる
□手かざしあそびに没頭している

(6)「生活面」での拒否

□ 自分からはベタベタくっついてくるのに、触られるのは嫌がる
□ 「おんぶ」なら求めてくるのに、「抱っこ」は嫌がる（反り返る）
□ 手をつないでもらうのを嫌がる
□ 散髪や耳あか取り、歯みがきを嫌がる
□ 鼻をかんでもらったり、口のまわりを拭いてもらうのを嫌がる
□ 帽子をかぶりたがらない。とくにあごひもは嫌がる（ひもを噛んでいる）
□ 靴下を脱ぎたがる。あるいは、逆に脱ぐのを嫌がる
□ 腕まくりや、ズボンの裾をまくり上げるのを嫌がる

(7)「ことば」の問題や、ある種の「理解力や社会性」の崩れ

□ 理解力はあるはずなのに、発語がたどたどしく幼稚
□ 理解力はあるはずなのに、ルールから外れてしまい友だちとあそべない
□ 自分のほうから一方的にしゃべるが、こちらの話を聞こうとしない
□ 音読で、読み方がたどたどしく（拾い読み）、スムーズに読めない
□ 文章を読んでいるとき、同じ行を読んでしまう。行をとばして読んでしまう
□ 数字には興味があるのに、漢字が読めない、書けない
□ 運筆が下手で、字の大きさが整わない。まっすぐに字が書けない
□ 物の絵は描けるのに、人物画になると極端に下手
□ 漢字の「偏」と「つくり」をまちがえる
□ 字を書くときに、左右反対に書いてしまう（鏡文字）
□ 左右の弁別がむずかしい

3

三つの「感覚」の統合とつまずき

子どもたちのよき「理解者」になるために

前章で挙げた「触覚」「固有覚」「平衡感覚」の三つの感覚について知ることは、「育てにくい」子どもたちにあらわれる「さまざまな状態像」を理解していくときの重要なカギになっていきます。しかし、これらの感覚は、ふだん私たちが実感しにくいところではたらいているために、この部分での困難をかかえている子どもたちの理解をむずかしくしているのです。

ところで、発達の初期段階の、まだことばをもたない子どもたちの気持ちをくみとるとき、あるいは、ことばをもっていたとしてもうまく表現できないでいる気持ちを理解しようとするとき、私たちは、何を読み取っているでしょうか？　テレパシーが使えたら便利かもしれませんが、私たちにはそういった超能力もありません。それでは、何を手がかりに「気持ち」を推しはかっているのか、みなさん方ならいくつくらい挙げることができるでしょうか？　ここでは、「五つの手がかり」を考えてみたいと思います。

ひとつ目に、「**表情**」があります。それから「**視線・まなざし**」。「目は口ほどにものを言う」というくらい、これらは多くの情報を与えてくれます。三つ目は「**し**

ぐさ・動作・行動」が挙げられます。まだことばがうまく使えない子どもたちでも、取ってほしいものがあると、手さしや指さしで要求を訴えます。自閉症のお子さんの場合は指さしの代わりに、取ってほしいもののところまで相手の手を引っ張っていくという「クレーン行動」が出たりします。四つ目には、ことばにはならないけれども「**発声**」があります。泣き声、怒り声、悲しそうな声や、ウキウキした声など。声の「大きさ」や「トーン」「抑揚」などを手がかりにして、相手の気持ちを読みとることができます。

それから、五つ目はなかなか出てこない答えですが、「**姿勢**」という手がかりが重要になります。やる気に満ちているとき、子どもたちは「良い姿勢」になります。「身を乗り出して」などというように、私たちは、気持ちのおもむく方向に重心を傾ける、姿勢を向けていくという習性をもっています。逆に、気持ちが向かっていかないときは、姿勢が崩れがちになりますし、姿勢が崩れるから集中力が低下するということもあります。

これら五つは「ノンバーバル（非言語的）コミュニケーション」という、音声言語以外のコミュニケーションでやりとりするときの情報源です。話しことば＝音声言語でコミュニケーションをとっている私たちは、あまり

気持ちを読みとるサイン

にも無意識に使っているので、とくに五つ目の「姿勢」にいたっては、自覚的に読み取ることをしていないものです。ですが、「育てにくい」子どもたちと向かい合うときには、これらの「読み取り」能力を磨いておく必要があります。親御さんの場合は「できるだけ上手に読み取れたほうがいいですね」という努力目標のレベルですが、指導者の場合は、これらの「読み取り」能力を磨き続けることは業務上の義務といえるでしょう。もちろん一〇〇点満点の「読み取り」を期待しているのではありません。専門職である限り、「読み取り」の力量を少しでも高めていく努力を惜しんではならないということが言いたいのです。

あえて「五つの手がかり」を言語化して挙げた理由のひとつはここにあります。

しかし、「育てにくい」子どもたちには、先に挙げた「視線やまなざし」「しぐさ・動作・行動」はもとより、「姿勢」のあらわれ方に崩れやゆがみが生じやすいという事実を知っておいていただきたいのです。くわしいことは、この後にお話ししていきますが、こういった子どもたちがしめすさまざまな状態は、脳のなかで「感覚」がうまく交通整理されずに生じてくるものなのです。しかし、私たちはそのメカニズムをよく知らないので、読み取りにくくわかりにくいわけです。子どもたちのしめす状態について「わかっていく」ためには、ことばのうえだけでの「理解」ではなく、「実感」として、そういう「感覚」が大切なのだという体験が必要です。

そこで、そんな子どもたちの状況をより理解できるように、この三つの感覚が、そもそもどんな「感覚」なのかを知り、さらにそれを「自覚」していただけるような実例などをご紹介していきたいと思います。専門用語や聞き慣れない単語は、いちいち覚える必要はありません。大切なことは、自分のからだで「実感」することからはじめて、各々の感覚がどういう特徴をもっているのかを把握し、その感覚がうまく交通整理されないときに、どんな状態像になって現れるか、そのメカニズムを学んでいくことです。子どもたちの状態像の理解は、ここからはじまります。

なお、用語として感覚情報を感じ取る器官のことを「受容器」「レセプター」といいますが、日頃使い慣れないことばでもあるので、ここでは「センサー」と言い換えています。また、随所で「触覚系」など、「系」という言い方もしていますが、この場合には触覚に「関係する回路・ネットワーク全体」をさすことばとしてご理解ください。

「触覚」のふたつの系統、原始系と識別系

触覚は、全身の皮ふや粘膜に、そのセンサーがはりめぐらされている感覚なので、別名「表在感覚」ともいいます。かならずしも意識にのぼらない「触覚」の経路もあり、じっくりとみていくと、非常に興味深い感覚のひとつです。

そもそも「感覚」というものは、生物が進化していく過程で少しずつ発達させていったもので、私たちが使っているさまざまな感覚のはたらきも、まさに生物の歴史の所産です。そのような視点で「感覚」の特徴をみると、大きく分けてふたつの役割があります。

ひとつが「原始的・本能的なはたらき」で、もうひとつが「認知的・識別的なはたらき」です。私たちが使っているさまざまな感覚のなかで、触覚は、とくにこのふたつのはたらきのちがいが特徴的に現れやすい感覚のひとつです。それでは、触覚の「原始系」と「識別系」について、各々の特徴や、両者はどんな関係にあるのか、といったお話をしていきたいと思います。

■生命維持機能にかかわる「原始系」

進化のきわめて初期の段階の生物には、目も耳もありませんでした。しかし、そのような生物でも、生きていくためには必要な行動があります。それは「エサを探す」ということです。エサとあらば食らいついていかなければ生きていくことができません。そのように自分から向かっていくことを「**取り込み行動**」といいます。また、触れたものが天敵とあらば、パッと身をひるがえして逃げなければなりません。生物によっては殻のなかに閉じこもる行動をとることもあるでしょう。これは「**警戒行動**」や「**防衛・逃避行動**」です。それから、自分がエサになる場合やエサに向かっていく場合に、かならず「闘う」という行動が必要です。「**闘争行動**」です。この三つのチャンネルの切り替えが即座にできないと、餓死するか、食べられてしまうわけです。まず「エサを探す」「敵から身を守る」そして「闘う」という行動。原始的な、あるいは下等な生物というのは、これで生命を維持しています。

では、原始的な生物は、目も耳もないのにどうやって対象物を感知することができるのでしょう？　どこにエサがあるのか、魚などは嗅覚も使い、目でも探します。コウモリなどは聴覚を使ってエサを探したり、まわりの状況を察知します。しかし、視覚や聴覚などの感覚を進化させていない原始的な生物にとっては、「皮ふ感覚」が命綱なのです。まさに、触れたときの感覚、つまり「触覚」が重要なはたらきを

しているとと考えられます。そういう本能的な情報をつかさどっている皮ふ感覚のはたらきに関して**「原始系」**という名前がつけられています。そして、それは高等に進化した私たちの脳の中にも、進化の遺産としてしっかりと引き継がれているのです。ただ、私たちの脳は、先の三つのチャンネルのどれかにスイッチを入れるほかに、「自律神経」のバランスを調整したり、「情緒」的な快・不快をコントロールする機能としてもはたらいています。生まれてきたばかりの人間の赤ちゃんも、この「原始系」のネットワークを使わないと生きていけないのです。赤ちゃんの発達において、「原始系」は胎生期後半からはたらきはじめているといわれています。

「原始系」という触覚のネットワークは、喰うか喰われるかという生存競争を切り抜けていくための、「サバイバル感覚」でした。それはまさに本能的、反射的にはたらく感覚です。生まれたばかりの赤ちゃんに見られる「原始反射」の多くは、まさに生きていくための「原始系」の反応とみることができます。たとえば、口のまわりに何かが触れると、その方向に口を向ける「ルーティング反射」は、生まれた直後からおっぱいを探すための反射行動です。さらに、唇に何かが触れると、チューチュー吸いつく「吸てつ反射」、そして、口のなかに入ったおっぱいを飲み込む「嚥下《えんげ》反射」は、誰から教わったわけでもない、本能的な反射機能であり、赤ちゃんが生まれたときからもっている生命維持機能のひとつです。また、サルの時代に親ザルの胸毛や腹毛につかまっていたころのなごりといわれる「把握反射」もよく知られている原始反射です。手足をつかまれると、パッと引っ込める「逃避反射」や、背中の皮ふをこするとからだをよじる「ギャラット反射」などは、まさに危険に対して瞬時に身構える「防衛・逃避」のための反射といえます。

■能動的に注意を向け、触り分ける「識別系」

高等な哺乳類になると、こういった原始的・本能的なはたらきとは別に、「識別系」と呼ばれる、知的な情報処理をする「触覚」のはたらきが進化してきました。たとえば、私たちは、ポケットに手をつっこんでなかからコインだけを取り出したり、かばんのなかに手をつっこんで、財布やノートがいっぱい入っているなかから、ペンケースだけを取り出すことができます。ポケットのなかにハンカチと電車の切符が入っていても、改札を通るときには、ポケットに手をつっこんでキップだけを取り出せるでしょう。その際に、いちいち目で確認する必要もありませんね。これができなかったら不自由です。このように触れたものの「素材」や「かたち」「大きさ」を「触り分け」たり、自分のからだのどの「位置」に触れているかなどを感知するときに用いている触覚のはたらきを「識別系」といいます。脳のなかでは、認知的な情報処理をするところに多くの情報を送っています。目の見えない人は、こ

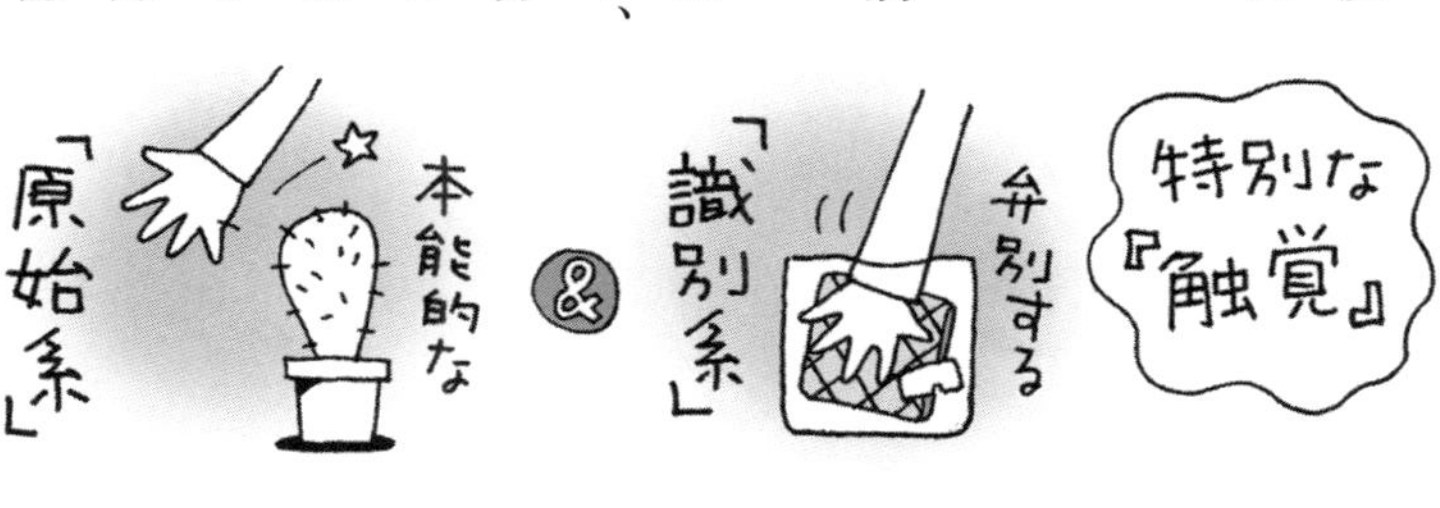

識別系と原始系

の触覚を研ぎすましているので点字を読むことができます。麻雀の達人になると、指先で牌の図柄を当てることができるそうです。いずれも「識別系」のはたらきです。この「識別系」の触覚は、先に挙げた「五感」にあったほかの感覚と同様に、意識しやすい感覚です。

それでは「識別系」をよりはっきりと意識していただくために実験をしてみましょう。あなたは目をつぶり、誰かほかの人に異なった素材の物で触ってもらい、それが何かを当てるゲームです。たとえばペンのグリップの「ゴム」の素材と名刺の「紙」の素材を触り分けられるかというゲームです。紙かゴムか、ごく簡単に「識別」できますね。このふたつの感触のちがいがわからなかった人はほとんどいないでしょう。ガラスと陶器でも触った感触がちがいます。金属とプラスチックもちがいますね。そのちがいを私たちは目をつぶったまま、つまり視覚や聴覚の情報なしに「弁別」することができます。

さらに、知っておいていただきたいことは、これらの触覚

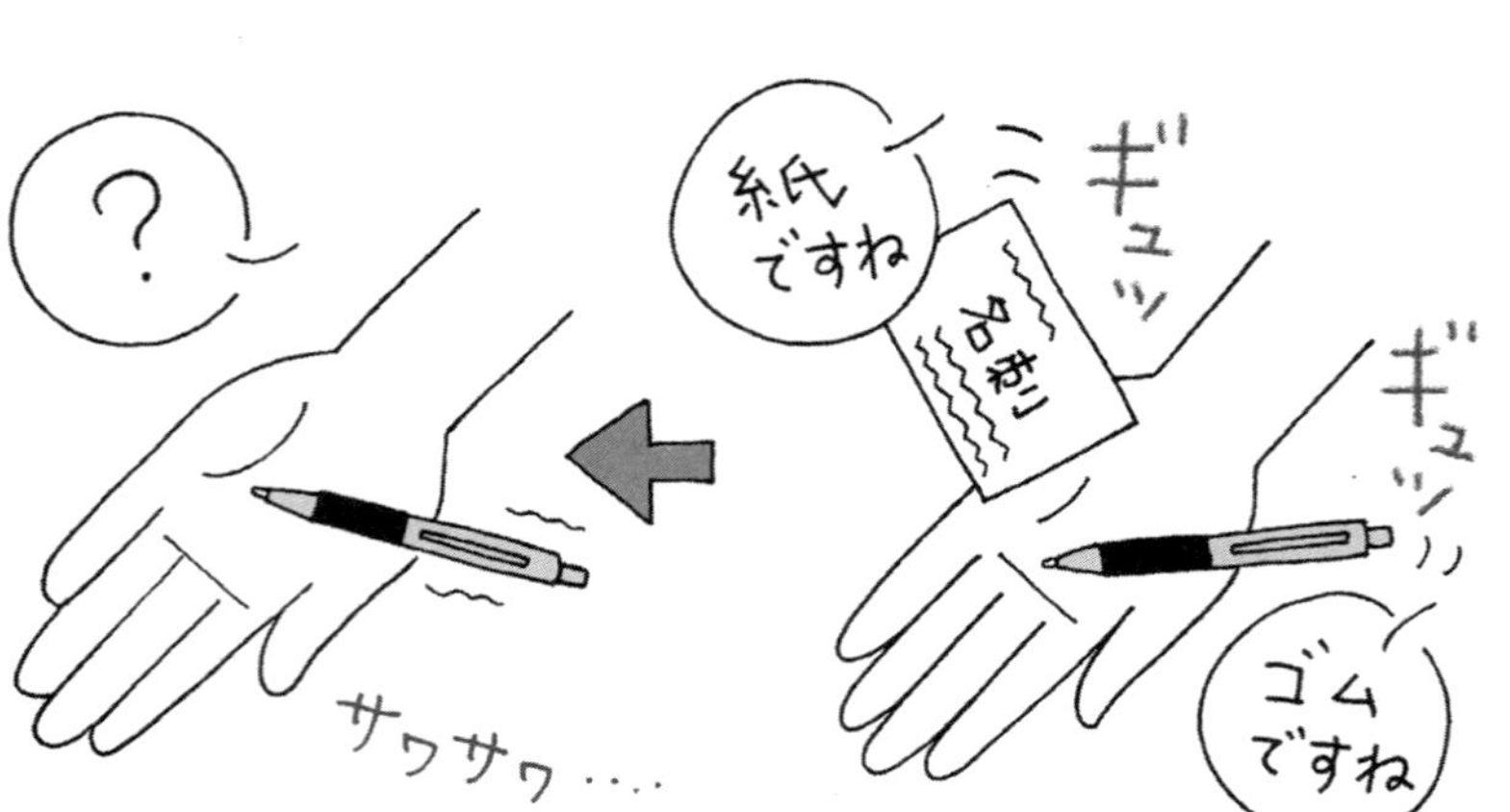

目を閉じて、そっと触られるとわからなくなる

も、ある「一定の強さ」や「一定の面積」での刺激が入らないと識別しにくいということです。つまりソフトタッチでは「識別系」にスイッチが入りにくくなるのです。

先ほどの実験を、今度はソフトタッチ、つまり弱い刺激に切り替えてみてください。そーっと、ほんの少しだけ肌に触れるのです。すると、どうでしょう？ 何かが肌に触れたということは意識できても、それがどっちなのか、何が触れたのか、とたんにわからなくなってしまいますね。つまり、ソフトなタッチだと「識別系」がはたらきにくいのです。

■「原始系」と「識別系」のバランスが大切

このような「識別系」というネットワークは、生まれてから発達していきます。生後三カ月ごろから、少しずつその使い方を学習していくのです。たとえば、三カ月ごろになると、反射的に握っていた手の指が開きはじめ、随意的な把握に変わっていきます。このとき、赤ちゃんの手に何かおもちゃを握らせると「じっと手元を見る」ようすが観察されます。赤ちゃんは、手にした「物」に対して視覚という感覚を「能動的」に用いて注意を向けるのですが、その際、握るときに生じた「触覚」にも注意が向いているのです。こうして「識別系」のネットワークが育ちはじめると、今まで優位にはたらいていた「原始系」のはたらきにブレーキがかかるようになっていきます。専門的には「上位の中枢がはたらきはじめたために、下位の機能に抑制がかかりはじめた」といいます。むずかしい説明は省きますが、皮ふから入ってきた「触覚」という感覚情報の流れが、「原始系」というネットワークから「識別系」というネットワークに切り替わっていくという「交通整理」がはじまるのです。

生後半年をすぎてくると、赤ちゃんは何でも手にしたものを口に入れる時期をむかえます。ビー玉やたばこなどを、不用意に手の届くところには置いておけない時期です。でも、よく見ていると、一度口に入れた物でも、かならずといっていいほど、その後、取りだしては「じーっと見て」また口に入れることをくり返していまず。目という感覚と手の触覚を「能動的」に使い、それだけでは飽きたらずに「口」の触覚まで使って物の存在を確かめる。でも口に入れてしまうと見えなくなるので、再度取りだしてはまた見るのです。こうして、赤ちゃんは「見る」世界と「触る」世界とを自力でつなげていくのです。

ですから、生後半年ごろをすぎると、「原始系」のはたらきは、ほとんど観察できなくなっていきます。くりかえしますが、「原始系」という道が消えてしまうのではなく、「識別系」という新たに舗装された道に感覚情報の流れが切り替わっていくので、先に述べた本能的な行動が現れなくなっていくとお考えください。

さらに、二歳ごろになると、袋のなかやひとのポケットに手をつっこみたがる時期に入ります。タンスの引き出しが少しだけ開いていると、なかに手をつっこんで片っぱしから衣類を出された経験をお持ちの方もあるでしょう。「見えない世界は手で探れる！」ということに興味が向きはじめたからです。これも「識別系」が発達してきた証拠です。

そして、三歳をすぎると、手探りで「素材」や「形」「大きさ」の弁別ができるようになっていきます。モンテッソーリ教育をご存知の方なら「秘密袋（後出）」という教材がヒットしはじめる時期です。さきほど、ポケットのなかの切符とハンカチの話をしましたが、まさにその段階に入るのが三歳を超えたころからとお考えください。

このように「原始系」のはたらきは、「識別系」が発達していくなかで抑制され、ふだんは見られなくなっていきます。ですから、すっかり大人になったあなたの頬に、隣のひとが触れても、吸いついていくこと（探索反射・吸てつ反射）はないでしょう。あるいは手のひらを触られても握りかえしたり（把握反射）、パッと手を引っこめる（逃避反射）こともないでしょう。ただし、暗い夜道を歩いているとき、あなたの頬を、後ろから気づかれないように近づいてきた誰かが、そーっと触れたら「きゃーっ」と叫んで身構えるのではないでしょうか。冷や汗が流れ、心臓の鼓動は高鳴り、恐怖も感じるでしょう。身を守るための機能としての「自律神経系」が興奮し、同時に情緒的にも興奮するのです。

これらはまさに「原始系」のはたらきです。いざというとき、とっさのときには「原始系」もしっかりとはたらいてくれるのです。「触覚」の発達を理解するためには、このように「原始系」と「識別系」が拮抗しあいながら発達していくことを知っておく必要があるのです。

もし、「触覚」の交通整理にトラブルがあると、この両者のバランスが崩れてしまいやすくなります。このことが、「育てにくい」子どもたちの状態像を理解するうえで、きわめて重要な意味をもつのです。

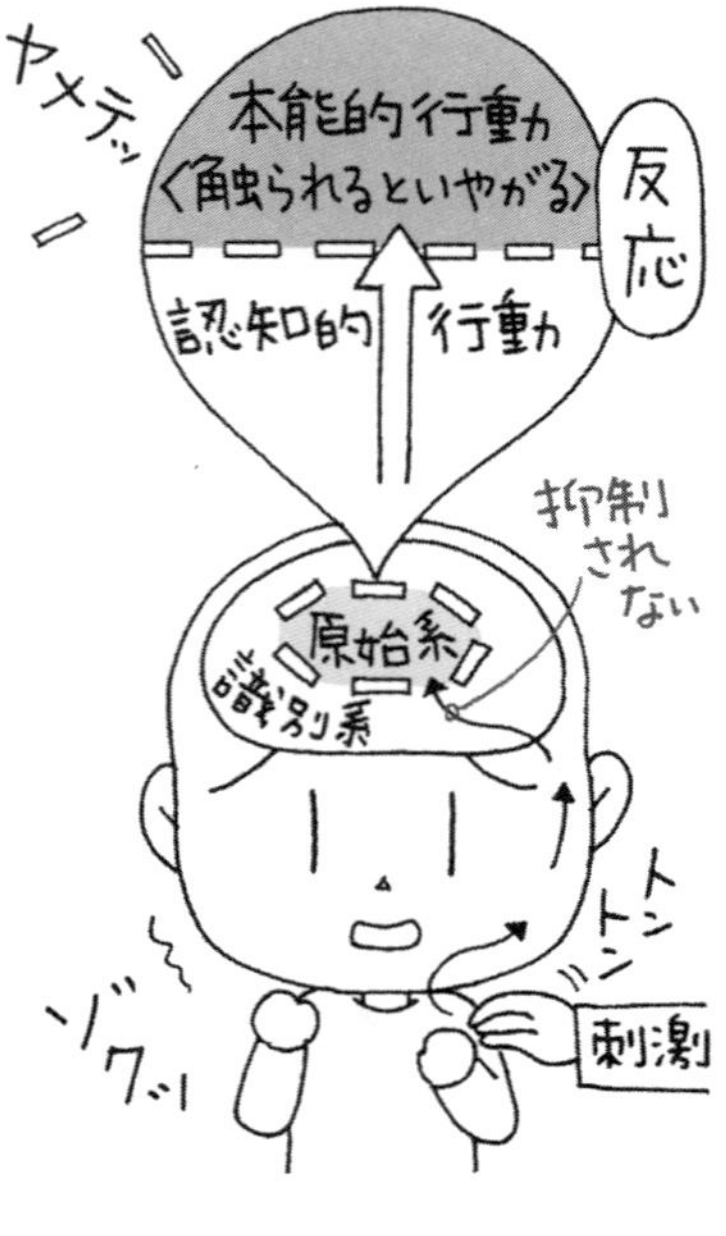

原始系を抑制しきれない

識別系が原始系を抑制する

■「触覚防衛反応」の状態像

「育てにくさ」を感じさせる子どもたちには、往々にして

(1) 散髪してもらうのを嫌がる(とくに、耳の後ろあたりからうなじにかけて)

(2) 耳あかを取ってもらうのを嫌がる

(3) 歯みがきしてもらうのを嫌がる

(4) 爪切りしてもらうのを嫌がる

といった状態像をしめす子どもが少なくありません。ほかに「髪の毛をといてもらうのを嫌がる」「鼻をかんでもらうのを嫌がる」「口を拭いてもらうのを嫌がる」「手を洗ってもらうのを嫌がる」「お風呂でからだを洗ってもらうのを嫌がる」といった、健康のため、身だしなみを整えるために親ならばあたりまえに行う養育行為に抵抗をしめすのです。健常児の場合でも、二~三歳あたりで一過性に嫌がることもありますが、極端な抵抗はしないし、長続きもしないものです。ですが、散髪や爪切りは、子どもが熟睡しているときにしかできない、歯磨きは押さえつけてしている、耳あか取りは親

触覚防衛反応——抱っこ、洗顔、散髪、歯みがき、耳あか取り……イヤ!

ではできないので耳鼻科に連れていってしてもらう、しかも、暴れるのでネットをかけられて羽交い締め状態なんてことになると事は深刻です。

また、「帽子」をかぶるのを嫌がる、とくに「アゴひも」はかけたがらない、もしくは口に入れて噛んでいるという状態像もよく見かけます。ほかに、「手ぶくろ」をはめるのを嫌がる、「タートルネックのセーター」が着られない、「マフラー」を着けたがらない、カバンの「肩ひも」が首すじにかかるのが嫌い、「くつ下」をはきたがらない、逆に脱がない、シャツの「腕まくり」やズボンの「裾まくり」を嫌がる、逆に降ろしたがらないといった、衣服や持ち物の着用に拒否やこだわりを見せることもあります。

そして、こういった子どもたちは、「自分からは触りにいく」ことができても「触られたら嫌がる」という行動も生じやすくなります。幼少期ならば、ようやく慣れはじめた担任の先生の膝に座りにいけるようになったのに、先生が抱き直そうとするとスルッと逃げていってしまう、子どものほうか

触覚防衛反応——人に触れるのはいいけど、触られるのはイヤ！

ら手をつないできたので握りなおそうとした瞬間、手を振りはらって逃げてしまう、子どものほうからは親など親しい人の髪の毛や耳たぶを触りにくるが、こちらから抱き寄せようとすると逃げていく、などです。

こういった「しぐさや行動」は、ときに大人の側からみれば「自分勝手さ」や「わがまま」「憎たらしさ」さえ感じさせるかもしれません。

その他、子どもが触れない「素材」が多数存在することもあります。多くは、

(1) ヌルヌル系……のりや粘土、泥など、ベットリした粘着性のあるものを嫌う

(2) チクチク系……砂や芝生など、チクッとした刺激のあるものを嫌う

(3) フワフワ系……ボアの素地やぬいぐるみなど、フワッとした素材を嫌う

(4) ヒエヒエ系……公園の遊具の金属部分、板の間などを嫌う

というものです。ただし、これらは、ちょっとしたはずみで「嫌う」から「過剰に好む」行動に変化することもあります。そして、それらが混在することが多いので、なおさら状態像を理解するのがむずかしくなります。たとえば、食事のシチューやカレーは手づかみでベチョベチョにあそんでしまうのに、保育園での工作でのりには触りたがらない、ブランコの鎖やすべり台の階段の取っ手は握りたがらないのに、自宅の玄関の板の間にはほっぺたをくっつけているなどのように。

また、このタイプの子どもたちは、概して「やさしくそっと触られる（ソフトタ

ッチ）」ことを嫌がります。結果的にお風呂も着替えも嫌がる、添い寝も嫌がる、抱っこも手をつなぐのも嫌がる、そんな状態に陥っていきます。親にしてみれば「かわいくない」と思えてしまっても仕方がありません。

こういった状態像を「触覚防衛反応」といいますが、ＬＤ（学習障害）やＡＤ／ＨＤ（注意欠陥多動性障害）、アスペルガー症候群という診断名がついている子どもたちの多くに、そして、程度の差はあるにしても、「育てにくさ」を感じさせる子どもたちには、この症状が出現している可能性があります。それでは、いったい子どものなかで何が起こっているのでしょうか？

■「触覚防衛反応」のメカニズム

ここまでのお話で、カンのいい方はおわかりになったかもしれません。ご理解いただきたかったことは、「触覚防衛反応」は、脳のなかでの「原始系」＝本能的な触覚の機能が暴走してしまい、その結果、原始系優位の行動パターンがいくつも出現してしまっている状態であるということです。

「原始系」には「防衛行動」以外に「取り込み行動」がありました。だから「自分からは触りにいく」ことができるのです。

また、私たちのからだの各部位で「攻撃を受けたら致命傷」になりやすい場所があります。「**首筋まわり**」がそうですね。虎やライオンは、獲物をしとめるときに首根っこを攻撃します。それから感覚器官が集まっている「**顔**」も攻撃されたら弱い部位です。格闘技では顔面攻撃を禁止するルールがあったりします。大切な脳がつまっている「**頭**」も守らなければならない部位です。とりわけ額よりも「**うなじ**」のほうが弱いことはご存じでしょう。そして、心臓や肺を守るために肋骨がありますが「**脇腹**」も弱い部位です。剣道では面と胴という防具をつけて守ります。ボクシングでは「**顔**」も「**頭**」も「**脇腹**」も腕でガードしますね。そういった部位から入る「触覚情報」は「原始系」のスイッチが入りやすいのです。

次に、「取り込み行動」や「攻撃行動」に使っていた部位を考えてみましょう。四つ足動物の攻撃は「噛みつく」「引っかく」です。「殴る」「蹴る」なんて攻撃の仕方は人間しかしません。パンチを喰らわせる虎や、蹴りを入れるライオンなんていません。「殴る、蹴る」は知能が発達した攻撃形態、「噛みつく、引っかく」は本能的な攻撃形態です。そして、その際に使っているからだの部位＝**口やその周囲**、**爪の生えぎわ**から入ってくる触覚情報も「原始系」にスイッチが入りやすいと考えることができるのではないでしょうか。

おわかりでしょうか？　そういう場所をそっと触ったり、狭い面積で刺激を入れるのが、先に挙げた「散髪」「耳あか取り」「歯みがき」「爪切り」であるわけです。

もし「原始系」に不十分にしかブレーキがかかっていなかった子どもがいたとしたら、本能的に身構えてしまう反応が出現するのです。

「帽子」や「手ぶくろ」「タートルネックのセーター」を嫌がるのも同様の原理です。腕まくりについては、袖が外界刺激からのバリヤーになっているときはまくるのを嫌がるし、袖の生地が皮ふに触れる刺激が嫌な場合は降ろしたがらないでしょう。

触れない素材が出てくるのも、「ヌルヌル系」は得体の知れない刺激になりやすいし、「フワフワ系」も刺激が弱すぎて、やはり警戒する対象になりやすいからです。「チクチク系」や「ヒヤヒヤ系」は侵害刺激になりやすい傾向があります。しかし、これらの情報が、ひとたび「取り込み行動」にスイッチを入れてしまうと、今度は「過剰に好む」状態になってしまいます。どちらの回路にスイッチが入るかは、その子次第です。

そして、これらの状態像が結果として、愛着行動（アタッチメント）やスキンシップの発達を阻害してしまうために、情緒の発達や対人関係の発達、社会性の発達も阻害されやすくなってしまうのです。

■「触覚防衛反応」がつくり出す心のゆがみ

このように、スタートは単なる生理的な刺激にもとづく「触覚系」のトラブルです。しかし、子どもたちの「心」の発達を考えたときに、「触覚」の果たす役割の重要さに気がつくでしょう。

ところで、アタッチメントということばは、日本語では「愛着行動」と訳されますが、原語の通り「タッチ」＝「触覚」を用いたコミュニケーションそのものです。私たちは、ふだん「視聴覚」コミュニケーションを主に使っていますが、「ことば以前の世界」や「情緒的コミュニケーション」では、触覚が主役を占めることを考えてみてください。子どもが幼ければ幼いほど、親子での身体接触のコミュニケーションが大切であることはいうまでもないでしょう。よくある光景ですが、子どもが転んで痛い思いをしたときに、打った膝を「痛いの痛いの飛んでゆけ！」と撫でてもらっただけで泣きやんだりします。実際の（＝生理的な）痛みは変わらなくても「気持ち」が楽になるからです。撫でてもらうという「触覚」のコミュニケーションによって、痛さを「共有」してくれる親の存在を感じ取り、立ち直っていくのです。「うれしい」ときも「悲しい」ときも、私たちは「触覚」でのコミュニケーションで「心を共有」しようとします。

さらに、子どもだけではなく男女の仲でも、ひとたび「ことばはいらない世界」に入った二人は、「触覚」を多分に用いた「情緒的コミュニケーション」をとるようになるでしょう。おわかりですね。私たちは、「触れ合う」ことを通して「心」

の世界を広げていく動物なのです。

「アタッチメント」だけで豊かな「心」が育つわけではありませんが、「アタッチメント」すら成立しがたい幼少期があったとしたら、どのようにして他人と「心」を通わせたり、情緒を豊かに育てていくことができるでしょうか？ 「触覚防衛反応」の程度にもよりますが、ひとたびこの症状があると、残酷にも「共感性」や「ひとが自分を支えてくれる存在であること」を学びにくくなってしまいます。それは、もの心ついたころから「親でさえ自分に対して生理的な不快刺激を与える」という体験を積み重ねてしまうからにほかなりません。

ただし、「親には一切の責任がない」ことも強調しておきたいと思います。身だしなみを整えるための散髪や爪切りも、健康を保つために行う歯みがきも、あるいは、手をつないだり抱っこをしてあげたり、ときには頬ずりしたりすることも、わが子可愛さゆえに行うことです。でも「触覚防衛反応」は、すべてを裏目にしてしまいます。子どもの側からすると理屈ぬきの「不快さ」を親から強いられるのです。親も、嫌がるわが子の「行動」から可愛く感じる思いが削り取られていくのです。親も子も「触覚防衛反応」という症状の犠牲になっていくのです。

■「触覚防衛反応」への対応策

「触覚防衛反応」は「原始系」の暴走状態であることを、かなりくわしく説明してきました。理由は、「敵」の正体がわかれば、より適切な対応策が考えられるからです。というよりは、誤った対応をしてほしくないからです。

もし、これらの症状を「触るのが嫌いだから」と気持ち＝「心がけ」の問題としてとらえると、とんでもない対応をしてしまうこともあります。「慣れれば」治る、「がまんすれば」よくなる、「がんばれば」乗りこえられる、「くりかえせば」平気になるという対応です。

「触覚防衛反応」は、生理的な症状、つまり「身体症状」がスタートでした。同じように、外界からの異物に対して出てしまう「身体症状」に花粉症があります。みなさんは、花粉症の友だちに対して、「慣れれば」治る、「がまんすれば」よくなる、「がんばれば」乗りこえられるといって、杉林のなかに連れていきますか？「くりかえせば」平気になるといって、ハウスダストの舞いあがる部屋に何度も閉じこめたりしますか？

でも「触覚防衛反応」の場合は、よく似たことをよかれと思って行っていることがあるのではないでしょうか。

以前、ある通園施設を見学する機会がありました。今どき、発達につまずきのある子どもたちにとって「触覚」の課題が大切であるという程度の知識は、現場の先生方もご存じのようです。その施設も「触覚課題」と称してフィンガーペインティングを取り入れていました。ひとりの自閉傾向のある子どもが指導員の先生のパワフルな介助で絵の具皿に両手をつっこまれている光景が私の目に入りました。その子の嫌そうな表情やまなざし、しぐさを見た瞬間、「あっ、触覚防衛が強く出ている子だな」と気がつきました。でも、担当していた先生のコメントは「この子、通所しはじめた四月当初は、大声で泣き叫んで嫌がっていたけど、二学期に入ったら随分と『慣れて』きて泣かなくなったんですよ」というものでした。また、「かなり『がまん』できるようになったので、もう少し『がんばらせたい』」とも。この子には、のりに触るのと同じように絵の具のネトネトさにも「触覚防衛反応」が出ていたのでしょう。そして、大声でわめいて不快さを訴えたのでしょう。これ以上説明するのも胸が痛む話です。おそらく、この子が学んだことは「他人が自分のからだに触れてくることは、いかに不快なことか」以外の何ものでもなかったでしょう。「指導という名の虐待」……私の頭をよぎったことばでした。

■「識別系」を育てよう

「触覚防衛反応」は、その子の気持ちのレベルではなく、生理的な症状であることを考えると、「慣れる」ことも「がまん」させることもけっして有効な手だてではありません。大切なことは、「原始系」の暴走状態を抑制するだけの「識別系」のはたらきを活性化させることが必要であることはおわかりですね。そのための課題やあそびを具体的に考えてみたいと思います。

「識別系」を育てるあそびには、たとえば「手探りあそび」がありました。健常な子どもだったら、ちょっとポケットがふくらんでいたら「ねぇ、なになに?」と手をつっこみたがります。目で見たらわかるのに、いちいち触覚で確かめておもしろがっていたりします。自ら触覚探索をしながら「識別系」のはたらきを活性化させているといえます。でも、本人が自力で「識別系」のネットワークをつないでいく力が弱いときに「触覚防衛反応」となって現れることがあるのでしょう。だったら、かかわる大人が楽しく「手探りあそび」ができる状況をつくってあげればよいのではないでしょうか? 知的に三歳を超えているようならば、袋のなかに隠しておいた物を当てるゲームもよいでしょう。砂場におもちゃを埋めておいて堀りだしてあそぶのも楽しめるかもしれません。モンテッソーリ教育でいう「秘密袋」も、もちろん大切な活動です。

これらの活動は、外界を「手探り」していく点で共通していますが、今度は、自分のからだを「探索」していく活動も考えてみましょう。目で見えないからだの部分に貼ってもらったシールを、手で探りながら見つけていくゲームもあります。ふつうのシールでは粘着力が弱いときには、布のガムテープを使うといいでしょう。そこに花の絵を描いて、お花を探してねというゲームにしてもいいし、好きなキャラクターの顔を書いてあげてもいいでしょう。

何も道具がなかったら、背中など見えないところに直接○△□などのかたちを指で書いて、何を書いたか当てさせるゲームもあります。数が好きな子なら、数字を書いて当てるゲームでもいいでしょう。

ただし、このとき大切なのが、そのあそびをおもしろがってやっていること、触れているものにちゃんと「注意」が向いているかということです。チラッと注意を向けるだけではなく、ジーッとそちらのほうに「関心」が向く、「興味」が向く、「能動的に注意」が向くことが大切です。皮ふから入ってくる触覚情報にきちんと「注意」を向けて、素材やかたち、大きさを「識別」する、こういう回路がきちんと育ってきたときに「原始系」の暴走に抑制がかかります。

識別系を育てるあそび

また、発達が初期段階の子どもたちの場合には、いろんな肌触りの素材で触ってあげるのも効果的です。私はこのやり方を「タッチング」と命名しています。「マッサージ」とか「触りっこ」といってしまうと、ついゴシゴシこすったり、コチョコチョとくすぐりあそびをしてしまいたくなりますが、「触覚防衛反応」が出ている子どものからだに摩擦刺激を入れると拒否が出やすいのです。もちろん、くすぐりっこ自体をとやかくいうつもりはありません。ここでは、「一定の圧力」で「場所を固定して」触ってあげると、触ってもらっている部位を注目してくれたり、タッチしている相手の顔を見てくれることがあるので、その「反応」を引き出すようなかかわり方を重視したいのです。先ほどの説明で、「能動的に注意を向ける」という言い方をした反応です。ポイントは、子どものからだへの触り方しだいで「識別系」を活性化させていく可能性が広がるということです。ですから、あえて「タッチング」という名称を使っています。要は、子どもが自分から触っていく場合でも、触ってもらうあそびをしている場合でも、そこに「能動的注意」が向

しっかり抱きしめれば、だいじょうぶ

いていることを確かめながら、あそびを展開していく必要があるということです。「慣れさせる」でも「がまんさせる」でも「がんばらせる」でも「くりかえさせる」でもない、その子の脳の状態に見合った触覚刺激を使いながら「識別系」を育てていく、という原理をご理解いただければと思います。

手足を自由に動かすときに使っている「固有覚」

固有覚は、別名「深部感覚」ともいいます。触覚とちがって、「固有覚」などという感覚は、聞いたこともないという方が多いと思います。先に挙げた「五感」のなかには登場しない感覚だからです。

固有覚のはたらきのひとつは、「筋肉に生じている張力を感知」します。また、関節のなかにもセンサーがあり、「関節の角度や動きを感知する」役割を担っています。これが、固有覚のふたつ目のはたらきです。筋肉や骨格のことを「運動器」と呼びます。外界に働きかける＝アウトプットに用いる臓器ですが、「固有覚」とは、この運動器自体がセンサー＝インプットの役目を果たすときにはたらく感覚なのです。でも、あまりにも「無意識」のうちに使っている感覚なので、ことばで聞いただけではピンとこないのが実際のところです。

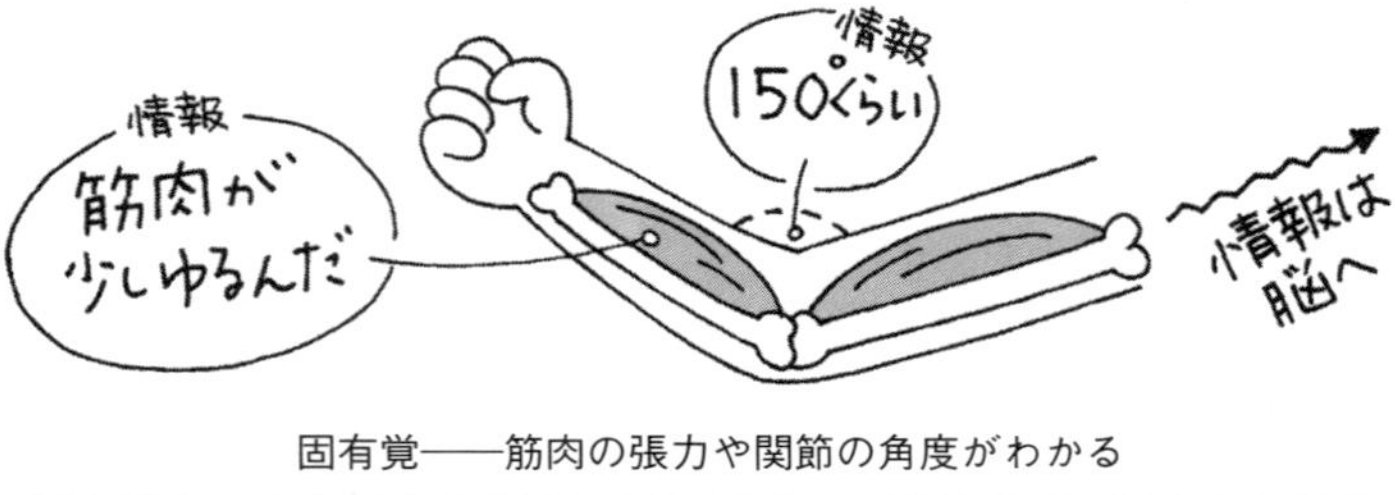

固有覚——筋肉の張力や関節の角度がわかる

では、「固有覚」を実感していただくために、こんな実験をしてみましょう。これは、ひとりではやりにくいので、どなたかに手伝ってもらってください。まず、誰かそばにいる人にあなたの片手（たとえば右手）をもってもらいましょう。あなたは、目を閉じてください。そして、そばにいる人にもってもらった腕や手を動かしてもらって、いろいろなポーズをつくります。そのときのポーズを、あなたは、目を閉じたまま反対の手（この場合は左手）で再現してください。おそらく、ほぼ正確に再現できたはずです。

では、質問です。あなたは、目で見ないで、どうしてポーズを作ってもらった片手（右手）のかたちを反対の手（左手）でまねることができたのでしょうか？

ほとんどの場合、「右手での感じ方でわかった」とか、「イメージでわかったから」という答えが多いと思います。いかがですか？　そのときの「感じ」というのは、耳から入ってきたのですか？　目から入ってきたのですか？　違いますね。では、どんな感覚でしたか？　多くの方は、うまく答えることができ

どうして見なくても右手と同じポーズができるのか

なかったのではないでしょうか？

ここでの期待したい答えは、「肩や肘、手首、指といった関節の曲がり具合や伸び具合を感じとることができたから」というものです。冒頭に「関節の角度や動きを感知する」感覚が「固有覚」であると述べましたが、「ポーズを再現してください」と言い回しを変えただけでわかりにくくなってしまったのではないでしょうか？

さて次に、こんな実験もしてみましょう。あなたは、手のひらを上に向けて右手を差し出してください。そばにいる人は、その手のひらの上に本を一冊置きます。あなたは落とさないように支えていてください。次に、五冊まとめて置いてみます。あなたには、この本の冊数のちがいを目を閉じたままで答えてもらいます。このちがいがわからない人はいないですね。では、先ほどと同様に質問をしてみましょう。「なぜ見ないでも本の冊数のちがいがわかったのですか？」と。ほとんどの人は「重さのちがいがわかったから」と答えるでしょう。重いときには五冊、軽いときには一冊と。

どうして見なくても５冊とわかるのか

では、「重さ」のちがいはどうやって感じとることができたのでしょう？　いかがですか？　「重さのちがいは……」と、ことばを詰まらせてしまう方がほとんどではないでしょうか？

手のひらに置かれた本を支えるためには、肩や腕、手首の筋肉の力が必要です。軽いものをもっているときには弱い筋肉の収縮で、重いものを支えているためには強い筋肉の収縮が必要です。ここで期待した答えは、「筋肉の張力のちがいを感じとることができたから」というものです。答えられた人は、まずいないと思います。「固有覚」はこんなにも無意識に、そして無自覚に使っている感覚なのです！

■「固有覚」がうまくはたらかないと……

この実験で、少しは「自分のからだでの実感」に近づいていただけたでしょうか？　「固有覚」という感覚は、日頃あまりにも無意識のうちに使ってしまっているので、自分が使っていても、ことばだけで整理した知識とはなかなかつながりにくいものなのです。

もし、みなさんがここで「固有覚」のはたらきについて実感してくだされば、以下のような子どもの状態像の背景に、「固有覚」の統合がうまくできていないからかもしれないと、その可能性を念頭に置きながら接することができるでしょう。

たとえば、とくに運動マヒもないのに、手にしたコップをそーっと置けなくて、ドンと乱暴にテーブルの上に置いてしまう子どもに対して、「もっとていねいに扱いなさい！　なかの牛乳がこぼれるでしょ！」「そーっと置かないとコップが割れるじゃない！」「お行儀が悪いでしょ！」などと注意している場面をよく見かけます。

でも、もしその子の状態像の背景に「固有覚」の交通整理がうまくできていないということがあったとしたら、当の本人には何が「ていねいな」動作なのか、「そーっと」動かすとはどういうことなのか、見当もつかない場合が多いのです。腕の筋肉の力の入れ加減を調整して、ゆっくりと置く感覚や、各関節の動きをつぶさに感じとりながらていねいに扱う感覚がわからないから、つい乱暴になってしまう場合があるのです。

車の運転にたとえると、「関節の角度」の情報は「ハンドルを回したときの前輪の傾き」に相当します。「筋肉の力の入れ加減」の情報は「アクセルやブレーキの踏み込み程度」に相当するでしょう。いずれも、車体感覚や車輛感覚といわれるもの

不器用な子はだらしのない子にみえる

のひとつですが、これらがピンとこないとき、「急ハンドル」や「急発進」「急ブレーキ」といった乱暴な運転になってしまいます。

何をやっても不器用なタイプの子は、姿勢も崩れがちで、一見、やる気がなさそうに見えます。もっといえば、態度が悪そうに見えるのです。授業中や保育中にそんな態度をとられたとき、子どもに起きている背景のことを全然知らなかったら、むかっときます。でも、「何が起こっているのか?」という背景が見えてきたときに、「じゃあ、何をしていってあげたらいいかな」という指導や療育の方向が見えてくるわけです。

からだの動きが「ぎこちなく」「不器用」な子どもがいた場合、あるいは、動作や行動が「がさつ」で「乱暴に」物を扱う子どもがいた場合、性格的な問題や、しつけを問題視する前に、もしかして、「固有覚」の交通整理がうまくできていないのではないか、という視点をもって見ていただきたいと思います。

からだの傾き、回転などを感じる「平衡感覚」

■平衡感覚のセンサー

「平衡感覚」は、一般的にはバランス感覚などと呼ばれたりすることもあります。

下の図にありますように、耳の穴から鼓膜までが「外耳」、鼓膜の内側に三つの骨が並んでいますが、ここが「中耳」、そして、かたつむりのようにとぐろを巻いている器官（これが音のセンサー）のあるところが「内耳」です。平衡感覚のセンサーは内耳にあり、「三半規管」と呼ばれる三つのパイプと、その付け根にある「耳石器」と呼ばれる「卵形嚢《のう》」「球形嚢」から成り立っています。

「三半規管」は、それぞれの管の方向に頭が回転するときに生じる「回転加速度」を感じとり、「耳石器」は「直線加速度」や「重力加速度」＝地球の引力を感じとるはたらきがあります。三半規官は、回転運動が刺激になるので、首を傾けたときや振り向いたときに、その情報を脳に送ります。「耳石器」は、車に乗っていて加速したり減速したりしたとき、あるいはエレベーターに乗っていて、動きはじめや止まるときに感じる、あの感覚の発信源です。

ところで、加速度というのは、動きの変化が生じたとき以外にも、私たちのからだにはたらいていています。私たちはふだ

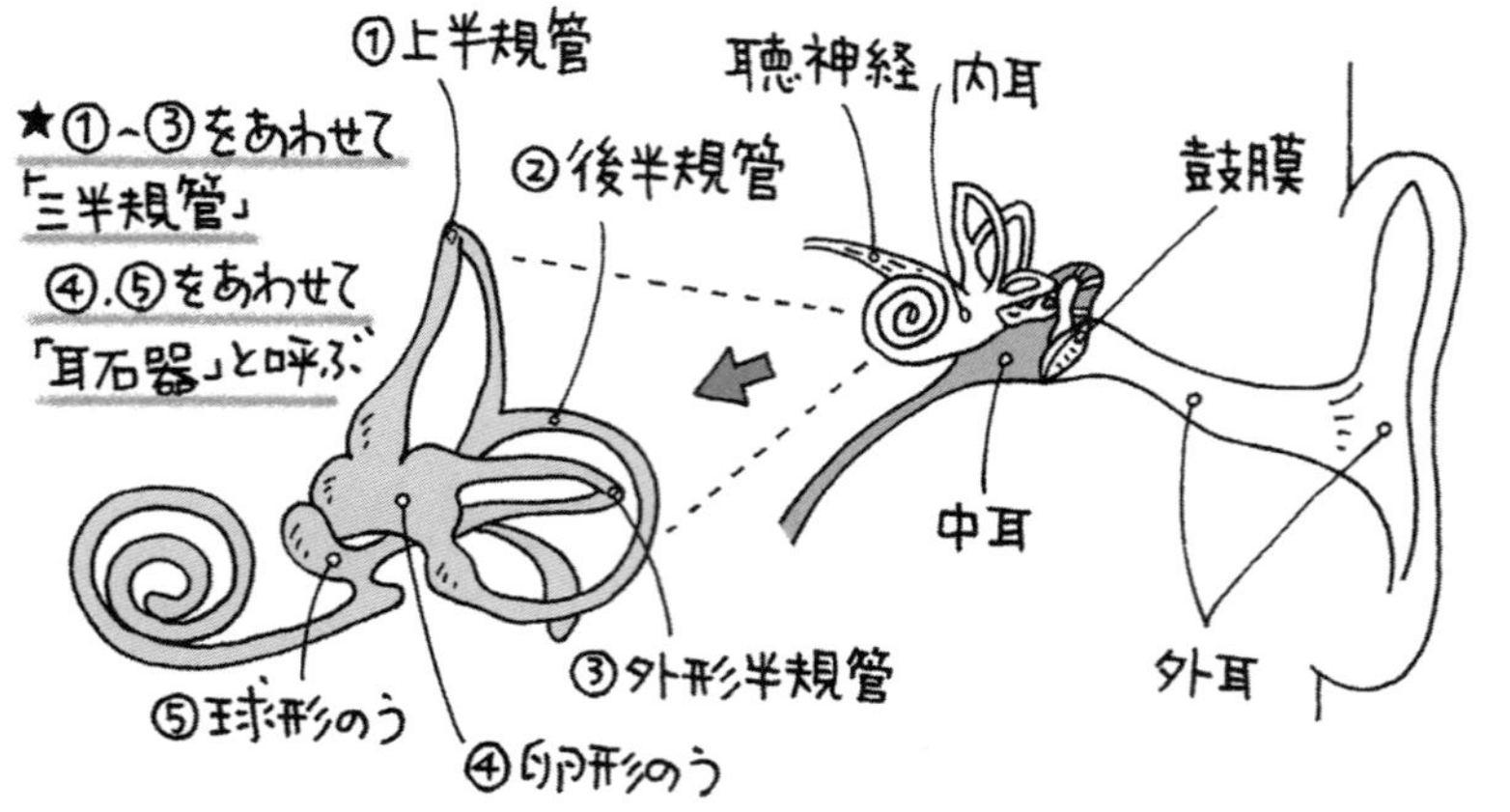

三半規管

ん意識していませんが、地球の「重力」そのものがひとつの加速度なのです。つまり、私たちは立っていても座っていても、常に「重力加速度」＝地球の引力による刺激を受けとっているのです。そういう意味で、今、この本を読んでいる瞬間も含めて、ずっと使っているのが「平衡感覚」です。

■「平衡感覚」を受けとめる回路と「姿勢調節」の回路

私たちは、日々の生活のなかで、無意識のうちに「筋緊張」を上げたり下げたりして、「姿勢」を調節しています。よく似たことばに「筋力」がありますが、「筋力」が意図的・努力的に発揮される筋肉の張力であるのに対して、この「筋緊張」は、脳の活動レベルにあわせて自動的に調節されている筋肉の張り具合いのことをいいます。精神的に緊張していたり、情緒的に興奮しているときは「筋緊張」も高まりやすくなりますが、こういった心理的な作用とは別に、生理的な作用として「筋緊張」の程度を左右している刺激のひとつが「平衡感覚」なのです。

また、私たちは「平衡感覚」と姿勢を調節する機能とのかかわりについては、ことばのうえでは知っているつもりでいますが、自分のからだで実感している人は少ないのではないでしょうか。それでは、こんな実験をしてみましょう。

あなたは目隠しをして椅子に座ります。次に、誰かほかの人にあなたのからだを左右どちらかに大きく傾けてもらいます。そのとき、あなたの頭はどうなったでしょうか？　個人差はありますが、おそらく垂直方向に起こそうとします。からだは傾いているのに、頭だけはまっすぐに起こそうとします。どうしてでしょう？

理由をうまく説明できる方は、どの程度いらっしゃるでしょう。もし、目を開けていたら「景色が傾いたのが見えたから反対方向に頭を起こした」という説明もできたでしょう。でも、目隠しをしているのですからこの説明は成りたちません。

ここで期待した答えはこうです。からだが傾けられた瞬間に、地球の「引力」の方向がズレたことを「耳石器」が感じとります。そして、脳のなかの「平衡感覚」を受けとめる回路に「頭が傾いたぞ」という情報を送ります。ここまでがインプット側の回路です。

次にインプット側からアウトプット側の回路に情報がバトンタッチされます。バトンタッチの相手が「姿勢調節回路」です。こちらは、全身の「筋肉の緊張のレベル」を変化させ

からだは傾いても、首は傾かない

てくれる回路です。今の場合は、首の「筋緊張」を変化させ、からだの傾きとは逆方向に頭を傾けて垂直にもっていったのです。どうですか、理屈のうえではわかるような気がしますが、「地球の引力」といわれてもピンとこないですね。それほどまでに無意識、無自覚に使っているのが「平衡感覚」です。

ちなみに、強烈に地球の引力の存在を感じたければ、宇宙ロケットで無重力空間に行くとわかるでしょう。宇宙飛行士も、無重力状態でどのように自分の「姿勢」を調整するか、随分と訓練をするそうです。バンジージャンプなどで、瞬間の無重力状態を実感してみるのもよろしいのではないでしょうか。

「平衡感覚」の刺激を自覚するしないにかかわらず、「重力加速度」＝地球の引力を感じとっているからこそ、椅子に座ることもシャキッと立つという姿勢も維持できるのです。

しかし、もしこの「平衡感覚」を受けとめる、インプット側の脳の回路のつながりが悪くなったり、プチプチと切れていたり、あるいは、赤信号が点《とも》っていることが多いという脳だったらどんなことが起こるでしょう。

■「平衡感覚」を受けとめる回路と「姿勢」の崩れ

アウトプット側の「姿勢調節回路」がダメージを受けているときには、多くは

「運動マヒ」という症状になって現れてきます。脳性麻痺や脳卒中でからだがマヒしている人たちの状態です。一般的には「筋緊張」は高まってしまい、まともな姿勢や運動の調整ができなくなります。

しかし、ここではインプット側の「平衡感覚」を受けとめる回路のトラブルを想定してみましょう。すると、「姿勢調節回路」のスイッチが入りにくくなってきます。結果的に、座っていても地球の引力に引っ張られっぱなしになるので、姿勢が崩れて背もたれにもたれかかったり、机に突っ伏してしまったりしやすくなります。家のなかでは、床や畳の上に寝そべってあそぶことが多くなるでしょう。食事中に座っていた椅子からいつの間にか落っこちている子どももいたりします。

さらに、静止場面ではなくからだを動かす活動場面では、たとえば、「つり橋」を渡るような不安定な場所での活動だったら、動きのブレが大きく、ひっくり返ったりすることもあるでしょう。「しがみつき」という姿勢の維持が必要な「棒のぼり」や「ロープへのしがみつき」もできなくなるでしょう。鉄棒の「逆上がり」なんてとんでもない課題になったりもします。いわゆる「不器用」な状態や運動の苦手な状態になります。

このようすを外から見ていると「だらけている」「やる気がない」と受けとられる可能性が大です。なぜなら、私たちの「ノンバーバル・コミュニケーション」機能は、「常識というものさし」しかもっていないときには、「姿勢の崩れ」＝「気持ちのたるみ」という翻訳を無意識にしてしまうからです。ここでも、子どもの気持ちを「誤解」してしまう可能性が潜んでいます。「心」の世界ではモチベーションがあるのに、からだのほうがついていかなくて「姿勢が崩れる」ために「やる気がない」と判断されてしまう……。もし、日々そのような誤解を受けている子どもがいるとしたら、あまりにも悲しいことです。私たち大人が、とりわけ指導者の場合には、誤解なくしっかりと読み取る力量をつけていきたいものです。

■「平衡感覚」を受けとめる回路と「眼球運動」の回路

「平衡感覚」については、「姿勢調節の回路」以外にも重要な「運動」回路との関係があります。それは「眼球運動」の回路との密接な関係です。

私たちはぐるぐる回ると目が回ります。このとき、目まいの感じだけでなく、「眼振＝眼球が左右に揺れる反応」が現れます。

ピンとこない方は、二人で実験してみてください。自分で一〇回転ほど回ってみて、もうひとりの方に、目のようすを観察してもらうのです。これは、専門的には「前庭－動眼反射」という反射で、「平衡感覚」の回路と「眼振運動」の回路が密接につながっている証拠でもあります。普通、正常に脳が発達していれば十数秒間、眼振が観察されます。この持続時間が短すぎても長すぎても、あるいは、振幅の幅や揺れ方が大きすぎても小さすぎても「平衡感覚系の交通整理のトラブル」が疑われます。

ここで大切なことは、私たちは、この回路のつながりを基礎に、目の前のものを「注視」したり、動いているものを「追視」したりといった「自由な目の動かし方」を発達させてきたということです。

この話も、多くの人には「ああそうなのか」ですぎていく話題です。では、こんな実験をしてみてください。あなたの目の前にこの本を置いてください。次に、あなたは頭の向きを固定したまま、本だけを左右に動かしながら文章を読んでみてください。ある一定のスピードまでくると、「目の動き」がついていかなくなりますね。それでは、今度は本を固定しておいて、あなたの頭を左右に振ってみてください。どちらも、文章を読むためには「目を動かす」ことが必要です。しかし、頭を動かしているときのほうが、本を動かすときよりも「目の動き」をコントロールしやすかったはずです。なぜなのでしょう？

もし、ビデオカメラで写しながら本を左右に動かしたとしても、逆に、本は固定しておいてビデオカメラのほうを左右に動かしたとしても、画面

ぐるぐる回って止まると眼球が揺れている

に映る文章のブレ方は変わりありません。では、どうして頭を動かしたときと本を動かしたときとでは、ちがいが出るのでしょう?

このあたりになってくると、どなたも答えられないのではないでしょうか。正解にたどりつくには、「頭を左右に動かした」こと自体が「平衡感覚」の刺激を脳に入れることになることを実感できている必要があります。先ほども述べましたように、インプット側にある「平衡感覚」の回路は、アウトプット側の「眼球運動」の回路と密接につながっています。ですから、「頭が左に動いたぞ」という情報が「平衡感覚」の回路から入った瞬間、脳は「眼球運動」の回路に情報を入れて「目の向いている位置補正」をするのです。だから、私たちは、立ち上がるときも鬼ごっこなどで走っているときも、まわりの景色が揺れて感じることは少ないのです。もし、テレビカメラを頭にくくりつけて同じ行動をとったら、画面はガタガタに揺れてしまい、まともな映像にはならないでしょう。カメラに備わっている「手ぶれ防止機能」は、レンズの向きを補正できるほど高度なものではないからです。

■「目が回りにくい」子どもたち

多動や自閉性障害がある子どもたちのなかには、この「眼振」の出にくいケースが非常に高頻度で見られます。クルクル回った後も、平気でまっすぐ走りまわれます。目が回っていないのです。一見、うらやましい状態像ですが、「眼振」の出にくい子どもたちは、概して「動いているものを目で追う」ことが苦手です。また、「注視」「追視」することや、人と「目を合わせる」のが苦手といった状態像をしめします。「きついまなざし」といった印象を受ける場合もあります。知的レベルが高い子どもでは、文章を読むときに同じ行を読んでしまったり、一行飛ばして読んでしまうといった状態像が見られたりもします。また、書字が下手だったり、運動面ではキャッチボールが苦手などのようすが見られます。

こういった状態像を理解するときに押さえておきたいことは、「見え方の問題」や「視知覚の発達のつまずき」の背景に、「平衡感覚」の交通整理がうまくできていない可能性があるということです。

日々の保育や指導のなかで、ブランコなどの揺れあそびや、ぐるぐる回ってあそんであげるなど、多くの「平衡感覚系」のあそびを取り入れていくうちに、目の表情が柔らかくなってきたり、キャッチボールでうまく受けられる（＝目がついてくる）ようになった、という経験をおもちの方は多いのではないでしょうか？　これらは、「平衡感覚」の回路にスイッチが入りはじめたために、「眼球運動」が回復しやすくなったと考えることができます。

■「眼球運動」の未発達と「周辺視あそび」

さらに、この「平衡感覚」の「眼球運動」の回路の交通整理がうまくできないところから派生して出てくる状態像に「周辺視あそび」があります。私たちの眼球の特徴として、網膜の中心部分に集まっている視細胞には「色」「輪郭・形」に反応しやすいという特徴があります。それに対して、網膜の周辺部分には「明るさの変化」や「外界の動き」に反応しやすい視細胞が集まっています。網膜の中心部分と周辺では、はたらきがちがうのです。そして、中心部分に集まった視覚情報を使うときに「中心視」といい、網膜の周辺情報を使うことを「周辺視」といいます。

「中心視」は、私たちがふだんものを見ているときに使っている機能であると考えることができます。そのためには、まず対象物に視線を向け＝「眼球運動」をコントロールし、そして「焦点をあわせる」のです。それによって、対象物の「色」や「形」がはっきりとわかります。いわば、視覚的に「識別」するための基本機能です。

「周辺視」というのは、動物の世界でいうと、何かしらまわりで不穏な「動き」があるとサッと身構えるときに役に立つ機能です。あるいは、エサの「動き」を感知して、すぐに飛びかかっていくのにも便利です。「明るさの変化」や「外界の動き」に反応するというのは、触覚でいえば「原始系」のような「取り込み行動」や

「防衛行動」をとるのに都合のいい機能です。

たとえば、どこからかボールが飛んできたときに、私たちはとっさによけることができます。これは、「周辺視」機能のたまものです。もし、飛んでくるボールに、しっかりと目を向け（眼球運動）、それから焦点距離をあわせて……なんて「中心視」の機能を使っていたら、よける間もなく当たってしまいます。これが敵からの攻撃であればアウトです。ですが、この本を読むためには、文字列に目を向け（眼球運動）、そこに焦点をあわせて見るという「中心視」のほうを使っています。私たちの「目」は、この両者をたくみに組み合わせて使っているのです。

しかし、ここに「平衡感覚」のネットワークがうまくつながっていないため、「眼球運動」がしっかりと発達できていない子どもがいたらどうなるでしょう。この子にとっては、「中心視」は非常に苦労する活動になることが想像できるでしょう。そのために、「眼球運動」のコントロールがいらない「周辺視」を使ったあそびに陥りやすくなっていきます。

こういった子どもたちの多くは、もともと姿勢の維持が苦手なので、寝そべってあそんでいることが多く、そのときに、手にした電車のおもちゃを目の前で飽きもせずくりかえし左右に動かしていたりします。電車を動かしたときの窓の幾何学的な模様の変化や車輪の動きを楽しんでいるのです。ミニカーで同様のあそびに没頭する子どももよく見かけます。プロペラの回転にはまる子どももいますね。散歩につれていくと、クーラーの室外機の前で止まってしまったりするのも「周辺視あそび」の可能性が大です。ファンの回転模様や、排気口のジャバラ模様は格好の刺激体でしょう。ストライプ模様や鉄格子の前で頭を左右に振ってあそんでいる子どももいます。自閉性障害があるお子さんに見られやすい「手かざし」も、「周辺視あそび」に属することが多いようです。子どもの視線の先には天井しかないのですが、ちょっとずれたところに光源になる天井の明かりがあったりします。その間に自分の手をかざして指を動かし、明るさの変化を楽しんでいるのです。廊下と壁の境目のほうに目を向けたまま＝斜め見のまま廊下を走っている子どももいます。これらに共通しているのは、「平衡感覚」のネットワークがうまくつながっていないことから派生する「感覚あそび」が固定化されてしまっていることです。文章では「楽しんでいる」と書きましたが、かならずしも充実感のある楽しみではなく、むしろ、感覚刺激に囚われてしまっているといったほうがよいかもしれません。

■「平衡感覚」を受けとめる回路と「多動」

ところで、「平衡感覚」の刺激を受けとめる回路にトラブルがあると、「姿勢」が崩れやすかったり、「眼球運動」の発達に支障をきたしやすいことはお話ししてきましたが、この回路がうまくつながっていなかったり、赤信号が点《とも》りっぱなしの状態が生じていると、それは「感じ方の鈍さ」として理解することができます。そして、それは次の新たな状態像につながっていくのです。

私たちの脳は、「感覚情報が不足している」と感じたときに、足りない分を補おうとする行動をつくり出します。たとえば、耳の聞こえが悪くなってくると「大きな声でしゃべる」ようになったり、テレビの「ボリュームを大きくしたり」します。歯を抜いた経験のある方は思い出してみてください。麻酔が覚めはじめて中途半端に感じるようになってきたときに、つい何となく自分の舌を噛んでみたり唇をつまんだりしませんでしたか? 「感じ方の鈍さ」というものは、概して「自己刺激行動」をつくり出しやすいのです。このことは、およそすべての感覚について言えることなのですが、「平衡感覚の鈍さ」がベースにあると、「姿勢の崩れ」や「眼球運動」の問題にとどまらず、平衡感覚の「自己刺激行動」が生じやすくなります。

それでは、「平衡感覚系の自己刺激行動」とはどんなものなのでしょう。私たちは、ふだん「平衡感覚」を意識したり自覚的に使っているわけではないので、どんなものがあるでしょうと尋ねられても答えるのはむずかしいかもしれません。でも、「耳の奥にある『三半規管』や『耳石器』に強い刺激を入れるための行動です」と説明されれば、いくつか思いつく方がでてくるでしょう。「ひとりでクルクルと回っている」「ピョンピョンと飛び跳ねる」、じっとしていることが苦手で「すぐに離席する」「走り回る」「つま先立ちをする」「高いところに登る」等々と挙げていくときりがないくらいです。いずれにしても、これらは「多動」といわれる行動であり「自己刺激行動」と理解することができそうです。このようにお話しすると、そうだったのかと理解していただける方も多いかと思います。

ちなみに、「多動」の子どもたちは、細い平均台をスルリと渡っていったり、高いところにも平気でよじ登っていったりするので、バランス感覚がとても発達していると見られがちですが、実はその逆であることをおわかりいただけたでしょうか？　こういった子どもたちの場合、その動きは激しく、またパターン的であり、「ゆっくり、じっくり、調節的に」動くのは苦手だからです。たとえば、私たちが自転車をこぐときに、一定のスピードを出したほうが安定します。反対に、ほとんど止まるぐらいにゆっくりこぐほうがむずかしいものです。本当の意味でバランス感覚がよい＝「平衡感覚」が適

絶えずあちこち
走り回り
じっとしていることが
できない
クルクル自分で
回って遊ぶ
窓枠や棚の上など
高い所に登りたがる

平衡感覚に対する自己刺激行動

切に交通整理されているというのは、「ゆっくり」と「調節的に」姿勢や動作を遂行できる、そのための「筋緊張」のコントロールができるときにはじめていえることなのです。このような「姿勢」や「動作の調節機能」も含めた「平衡感覚」のネットワークを育てていきたいものです。

■「平衡感覚」の鈍さを改善するには

こういう「多動」の子どもたちに「じっと座っていなさい」というのは拷問かもしれません。かといって、「いつまでも走っていなさい」というのでは、症状の出しっぱなしです。自由にさせるのでもないし、強制的に座らせるのでもない。大切なことは、その子の「脳の状態」に見合った「適切な感覚情報」を提供していくことでした。ここでいう「多動」の背景には「平衡感覚系」の反応の鈍さが原因である可能性が高いので、「揺れあそび」や「回転あそび」をいっぱい取り入れてあげると効果が出る場合があります。かかわる大人の側が揺らしたり回したりしてあげるあそびです。もし、トランポリンをしたがっていたら、子どもの手を介助してあげながら高く飛ぶことをうながすとか、飛びながら頭上のタンバリンを叩くなど、飛ぶ高さやリズムをコントロールするために「平衡感覚」をめいっぱい使うような配慮を取り入れていく必要があるでしょう。それだけで「多動」が減り、ちょっと落ち着きをとり戻したりすることもあるのです。

ただし、こういったあそび方で一番むずかしいのは、どの程度の「刺激」を与えていくのがよいのかということです。ここでは、あくまで「あそびの配慮」をお伝えしたいので、子どもが「その活動に楽しんで」取り組んでおり、また、表情やしぐさから「感じたよ！」というメッセージが返ってくるようならば合格、とお考えいただいて結構かと思います。そうではなくて、「感覚統合療法」としての治療効果を期待されるならば、先に紹介しました「日本感覚統合学会」に連絡し、学会が主催する正式な認定講習会できちんと学んでいただくことをお勧めします。

■「平衡感覚」と「自律神経系」や「情緒・情動」との関係

「平衡感覚」を受けとめる回路は、「自律神経系」や「情緒や情動」を司る回路にも大きな影響を与えています。たとえば、私たちの場合、揺れ刺激（直線加速度）や回転刺激（回転加速度）を一定量、一定時間、継続的に受けつづけると、気分が悪くなってきたりします。いわゆる「乗り物酔い」の症状です。これは、「平衡感覚」の刺激を受けとめる脳の回路が、くりかえし入ってくる刺激のためにオーバーヒートしてしまうからです。その際に「自律神経系」の影響が出て、悪感や嘔吐、頭痛、血圧の変動等をきたすのです。これらは、いずれも自律神経症状です。

また、「自律神経系」のはたらきは、「情緒・情動」といった心理的な快や不快の感じ方と密接に関係していることはご承知のことと思います。「情緒的・心理的」なストレスは「自律神経系」のバランスを崩しますし、反対に「自律神経系」の調子が悪くなると、「情緒的」にも不安定になってきます。

「触覚」の解説のところで、「原始系」が「自律神経系」や「情緒・情動」の回路と密接に関係していたのと同じように、「平衡感覚」にも同様のはたらきがあり、これに相当するのが「前庭－自律神経系」という回路です。

■揺れが怖い「重力不安」「姿勢不安」

もし、「前庭－自律神経系」の交通整理がうまくいかなくて、あるいは「固有覚」の交通整理のトラブルもあると、「ちょっとした揺れ」におびえたり、「慣れない姿勢」を怖がったりする状態像が出てきます。「揺れる遊具であそぶのが怖い」とか、逆に「高いところに登るのが怖い」という状態のことを「重力不安」「姿勢不安」といいます。

重力不安のパターンはいろいろ

この状態像も、「育てにくさ」を抱えた子どもたちのなかに見られやすい症状です。「ブランコは大好きだけれど、トランポリンは怖がる」「ひとりこぎで乗るブランコは大好きだけれど、揺らされるのは怖がる」「プールで伏し浮きはできるが、背浮きを怖がる」など、原因がよくわからないと不可解な行動に見えたり、臆病な子という印象を受けることもあります。

これらの状態像も、「触覚防衛反応」のときと同じように、「慣れさせる」でも「がまんさせる」でも「がんばらせる」でも「くり返させる」でもない、その子の「脳の状態」に見合った「適切刺激」を使いながら「平衡感覚系」を育てていく、という視点で接していくことが大切であることはいうまでもありません。

感覚の種別をこえた身構え反応＝「感覚防衛」

先の「触覚防衛反応」をはじめ、「重力不安」「姿勢不安」といった症状は、外界から入ってくる感覚刺激に対して、脳が防衛体制をとってしまう反応でした。こういった脳のはたらきは、ほかに「聴覚」でも生じやすいことがわかっています。ちょっとした物音を怖がったり耳ふさぎをしたりする状態像です。これらは「聴覚防衛反応」と呼ばれます。

今まで、ひとつひとつの感覚の特徴をお話ししてきたので、別々の説明になっていましたが、これらの「防衛反応」は共存しやすいのです。というより、「外界からの刺激に対しての身構え反応をつくり出しやすい脳」の状態があるとき、たまたま、入口が「触覚」であったり「平衡感覚」であったり「聴覚」であるだけだ、とお考えください。ですので、それらを総称して「感覚防衛反応」とくくることができます。

こういった状態像が強くなればなるほど、はじめて会う「人」、はじめて行く「場所」、はじめて入る「部屋」、はじめて使う「物」などに強い拒否やおびえがでやすくなります。

あるいは「体育館とか室内プール、講堂などガラーンと広がっているような空間や音が反響するような空間に入りたがらない、おびえる」といった行動をとったり、「トンネルや仕切られた場所に入るのを怖がる」などです。

これらの行動は、一見、「臆病な性格」であるかのように受けとられることが多いでしょう。しかし、本人にしても、なぜ怖いのかを「自覚する以前」の状態で混乱状態に陥っていることを理解してあげたいものです。大切なことは、嫌がる、怖がるといった子どもの状態を、その子の「性格」や「単なる経験不足」だからと片づけてしまうのではなく、その状態の背景にある感覚の交通整理のしかたに問題があるのではないか、としてとらえなおしてみることです。

「ボディイメージ」と「ラテラリティ」

■「ボディイメージ」って何だろう

「ボディイメージ」という用語は、学問的な立場のちがいでさまざまな定義がありますが、ここでは、いくつもの感覚を統合していくなかでつくられる「生理的・身体的な自己像」としておきたいと思います。ただし、イメージといっても、視覚的な映像というよりも、もっとそれ以前の生理的、身体的な実感といったものです。「触覚」の情報は「からだの輪郭やサイズ」を教えてくれます。「固有覚」は「肢位」や「力の入れ加減」「筋緊張」を教えてくれます。「平衡感覚」は、重力を軸にした「姿勢の傾き」や、「自分のからだの運動方向、加速度」を教えてくれる情報源です。これらの感覚が脳のなかで交通整理（統合）されていくときに、「ボディイメージ」が発達していくのです。

たとえば、床に落とした消しゴムをひろうとき、ちょうど足元に落ちていたら、そのまま前かがみになる方はいませんよね？　かならずいったんからだを後ろに引くでしょう。どれぐらい引きますか？　二〜三〇センチだったら机に顔がぶつかるでしょう。かといって、二〜三メートルも下がる必要はないでしょう。自分の体格にあった適度なサイズだけ、後ろに下がります。そのわけは、私たちは自分の上半身の体格がおよそわかっているからです。何センチと具体的にわかっているわけではないけれど、「からだの実感」としてわかっているわけです。だから、遠すぎず近すぎず、適度にイスを後ろに引いて、場合によってはちょっと横にかがんで床に落とした消しゴムをひろうことができるのです。

では、今度は起き上がるときはどうしますか？　そのまま頭をもち上げたら、机に頭をガーンとぶつけるでしょう。だからそこも迂回して、からだをよけるということができるわけです。

この「ボディイメージ」が、子どもたちが外界からさまざまなことを学んでいくときの「枠組み」として作用し、外界にはたらき返していくときの「地図や羅針盤」となっていくことは、おわかりいただけるでしょうか？

このことが、子どもたちの発達にとっていかに大切なことであるかは、強調しすぎることがないほど重要なポイントです。

■「ボディイメージ」の未発達から起こること

しかし、脳のなかで「感覚の交通整理」にトラブルがあると、「ボディイメージ」の発達がゆがんだり未発達になってしまいます。すると、自分のからだでありながら、その実感がうまくつかめないために生じる、さまざまな動作や行動上の不適応が出てきます。

ひとつ目は、「不器用」や「動作のぎこちなさ」という状態で現れます。先ほどの消しゴムの例だと、前かがみになるとおでこをガーンとぶつけて、起きあがるときには後頭部をもう一回ガーンとぶつけて、まるでお笑い芸人のギャグのワンシーンのようです。ふだんの生活のなかでも、出入口でいつも肩や腕をぶつけたり、くぐりぬけるときに頭をぶつけたり、衣服の着替えに手間どったり、遊具や楽器の操作ができなかったりします。

ふたつ目には、子どもにある程度の知的レベルがあって、状況を予測できるようになっていたら、はじめからお遊戯や課題になっている活動を嫌がったり、なかには教室から逃げ出してしまう子どももいるでしょう。そこまではひどくなくても、新しい活動にはなかなかなじめず、とりかかるのに時間が必要だったりします。

消しゴムをひろうとき……

そういう背景を見ぬけないと、一見、「臆病」な子ども、「やる気のなさそうな」子どもに見えてしまいます。ときには「笑い」をとってその場面をごまかそうとする子どももいます。うまくできない「苦手意識」があると、私たち大人でも笑ってごまかそうとするでしょう。学齢期あたりになると、自分の「心」を守るために同じようなことをしはじめる場合があります。これが、「不器用」や「ぎこちない身体動作」にひきつづいて出てきやすい子どもたちの実情です。

しかし、すでに十分に「ボディイメージ」を発達させてしまっている私たちには、こういった子どもたちの抱えている困難さを理解することはむずかしいものです。ですから、ここでは、いくつかのたとえ話を通して説明してみたいと思います。

たとえば、寒くて手がかじかんでいるときは、手先が血行不良になり、末梢の神経が一過性にマヒしています。かじかんでいる手で裁縫仕事をするのは至難のわざですね。このとき、運動神経よりも感覚神経のほうが先に機能低下を起こします。また、正座を長くしていてシビレをきらしたときも、血行不良がもとで一過性に「触覚」や「固有覚」のマヒが生じます。しかし、痛みすら感じなくなっている手や足でも、「運動神経」はまだ機能しているので、「目で見ながら」ならばそれなりの動きをとることができるものです。

ところが、シビレをきらしたままの状態で、足元を見ないで立ち上がろうとして転んだ経験のある方は多いのではないでしょうか。これは、足の裏からの「触覚」も足首の関節からの「固有覚」もマヒしているので、足首の角度の調節や力加減がわからなくなり転倒してしまうのです。これらの例は、「脳」は正常にはたらいているうえでの末梢神経のできごとなので、決して発達につまずきのある子どもたちの状態と同質ではありませんが、「感覚」の情報が使えなくなるだけで「運動」の遂行機能が低下することはご理解いただけると思います。

もし、「触覚」や「固有覚」「平衡感覚」といったセンサー自体は問題がないのに、「脳」のなかでそれらをうまく「交通整理」する機能が弱いと、結果として自分の「からだの輪郭」「関節の曲がり具合や伸び具合」「力の入れ加減」「姿勢」の情報もぼやけてしまい、手足を動かしてもどんな動作をしているのかがあいまいになってしまいます。つまり、「ボディイメージ」の形成不全が生じてしまい、それにひきつづいて「運動の調節」ができにくくなってくるのです。

身近な例として、「固有覚」のところでも説明しましたが「自動車」にたとえてみたいと思います。自動車を上手に運転するには、自分が乗っている車の「車体のサイズ」がわかっていなくてはなりません。また、「ハンドルをどの程度切ればタイヤはどれくらい曲がるか」のイメージも必要です。「ブレーキやアクセルをどれくらい踏めば、どの程度減速、あるいは加速するのか」のカンも大切です。それらを総合して「車体感覚」と呼びますね。ちょうど人間のからだでいうと「ボディイメージ」に該当します。もし「車体感覚」の未熟なドライバーが車を運転すると、ハンドルさばきやアクセル操作、ブレーキ操作がぎこちなくなります。加えて、慣れない道や複雑な道路は走りたがりません。混雑した駐車場に入るのも嫌がります。細い路地では、電柱に車体を擦りつけたり、溝に脱輪したりもするでしょう。まさに「不器用」な運転であり「ぎこちない」ハンドルさばきになるのです。

　これらの例を子どもの動きに当てはめなおしてみると、自分の「からだの輪郭のイメージ」や「肢位」の状態、「力の入れ加減、ぬき加減」がわからないという状態＝「ボディイメージ」の形成不全が、いかに「不器用さ」や「運動のぎこちなさ」をつくり出すかを想像できると思います。

■「ボディイメージ」から「運動企画」へ

「運動企画」という用語があります。これは、運動や動作を行っていくときに、

(1) その動きの「範囲」を調節し

(2) その動きの「力加減」を調節し

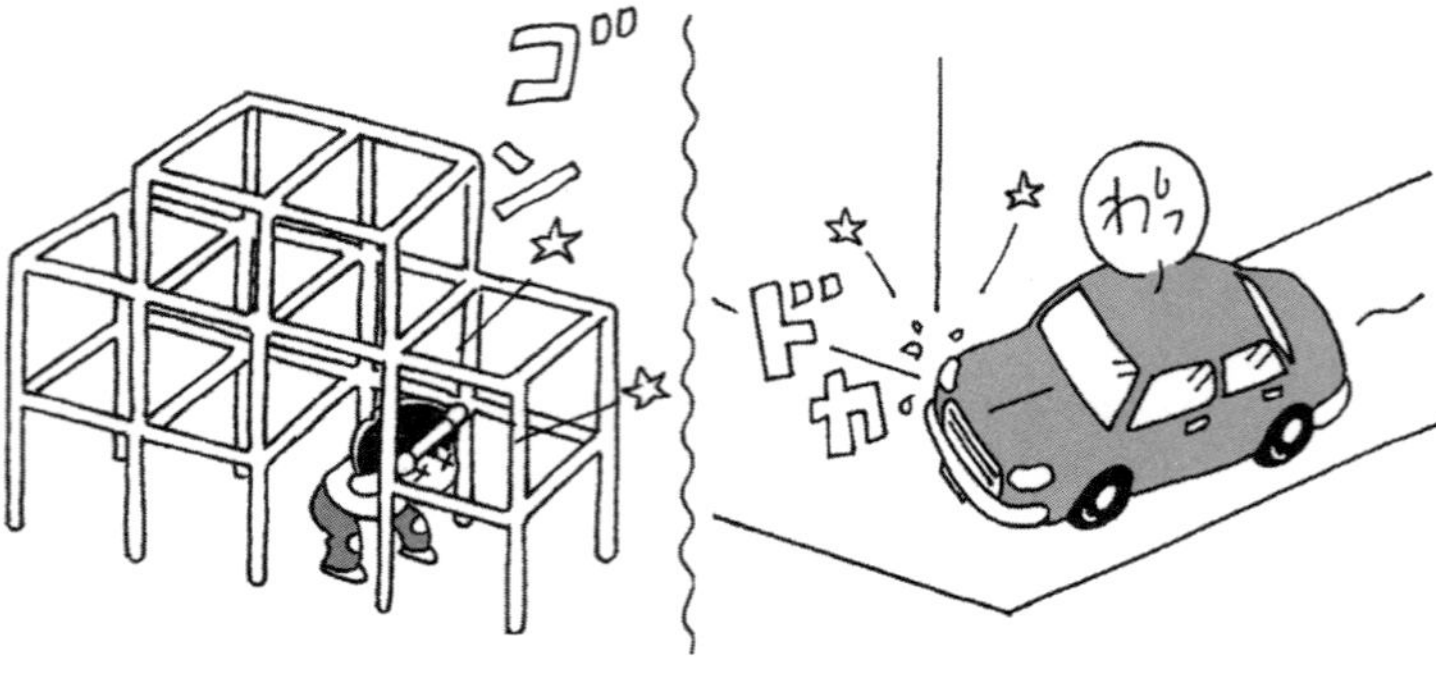

ボディイメージは車体感覚

(3) その動きの「スピード」を調節し
(4) その動きの「タイミング」を調節し
(5) それらの動きの「手順」を組み立てる

といった能力のことをいいます。このように整理するとお気づきの方もいらっしゃるかと思いますが、「運動企画」は、「ボディイメージ」を手がかりに発達させていく能力なのです。

先に挙げた自動車の運転でいうと、「運動企画」は車の「運転技能」そのものでもあるのです。

自分のからだをうまく「運転」できない「不器用さ」の背景に、「ボディイメージ」の未発達があることは、今まで述べてきた通りです。ただし、ここにひとつの落とし穴があります。

たとえば、「車体感覚」がうまくつかめていなくて「車の運転が下手」なドライバーがいたとしましょう。でも、この人は、自宅の「狭い駐車場」にはバックで上手に車庫入れをすることができるし、職場に行くときに通る「細い路地」もスイスイとハンドルをさばいていくことができたりします。一見、上手な運転に見えます。しかし、広いスペースがとってあるファミリーレストランの駐車場でも、ちょっと混雑しはじ

車体感覚（ボディイメージ）をつかめれば動きがスムーズ（運動企画）

めると入りたがりません。走ったことのない道路は運転したがりません。混雑した高速道路を走るなんてとんでもないといった状態です。

おわかりになるでしょうか。この人は、「くりかえし」経験したハンドルさばきや、走り「慣れた」ところしか運転できないのです。こういう状態を「パターン化」といいます。くりかえし経験することで「反復学習効果」が生じ、ある動作がパターン化して学習されているだけなのです。これと同じことが子どもたちのからだでも生じやすいことがおわかりいただけるでしょうか?

「ボディイメージ」が未発達で、その結果とても「不器用」な子どもでも、苦手な動作を何度も「がんばって」「くりかえし」練習させ、嫌がっても「慣れさせ」「がまんさせて」いけば、一見、そのことだけは上手にできるようになるでしょう。

親や現場の先生で、たとえば、上手にくつ下をはくことができない子どもに対して、何回も練習させていくうちに、上手にはけるようになった経験をおもちの方もおられるでしょう。上着を着る、ズボンをはく動作でも同じです。でも、その子の「うまくはけない」原因のひとつに「足のボディイメージがぼんやりしている」ことがあった場合には、布

タイミングのうまくとれない子

地の伸縮具合やサイズが変わってしまうと、とたんにはけなくなってしまう、着られなくなってしまうといった経験をおもちの方も多いのではないでしょうか？「反復学習」だけで獲得した能力は「応用がきかない」のです。「パターン化」というのはそういうものなのです。

もちろん「反復学習」のすべてを否定するつもりはありません。ときには、「パターン化」であろうと獲得させてあげたほうが、本人にとってメリットが多い場合もあるでしょう。子どもの指導や療育にたずさわる際には、その方法の限界を知った上で実施することと、根本的には「つまずきの原因」を改善していく視点が大切なのです。

そして、「不器用さ」や「動きのぎこちなさ」を改善していくための根本的な視点は、「ボディイメージ」を育てることです。さらに、その「ボディイメージ」を育てていくには、「触覚」「固有覚」「平衡感覚」といった、日ごろ私たちが無意識に使っている「感覚」の交通整理ができるようになることが必要であるとご理解ください。

■「脳」のはたらきと「利き側」の発達

私たちのからだは、心臓や胃など片側にしかなかったり非対称な形をした臓器もありますが、その多くは左右対称につくられています。そして「脳」もほぼ左右対称的な「しくみ」になっていることもご存じかと思います。しかし、その「はたらき」となると複雑です。

長い進化の歴史のなかで、私たちの脳は大きな「大脳」を発達させてきました。そして、それは「右脳」「左脳」という、ある意味で対称的な機能を担う進化をとげたのです。その証として、人間は手足の使い方でいうと大半が「右利き」になるような「脳」のはたらきを獲得してきたのです。

それでは、この「利き側」とは、どのようなものなのでしょうか。一般的には、鉛筆や箸をもつ手のことを「利き手」、ボールを蹴るときに使う足を「利き足」といいます。ここでいう手や足は「運動出力」に使う身体部位で、多くの人が「右利き」になっています。しかし、「感覚入力」に使う身体部位にも「利き側」が存在します。たとえば、カメラのファインダーを覗くとき、あるいは望遠鏡や万華鏡を覗くときに主として使うほうの目が「利き目」です。わずかに聞こえてくる物音に耳を近づけるとき、そちら側が主として「利き耳」になります。これらは、多分に「文化」の影響を受けるので、いくつもの場面を観察しながら評価していく必要がありますが、多くの人は「右」が利き側になりやすいことがわかっています。そして、これらのできごとは、手や足、目や耳といった身体部位そのものが発達するのではなく、それらを司っている「脳」の左右で、はたらきにちがいがでてくるからなのです。

　身体部位と脳の左右はクロスしていることもご存じかと思いますが、たとえば、食事をするときに「右手」で持った箸は、「左脳」からの命令によって操作され、「左手」で茶碗をもっているときには「右脳」がその指示をだしているのです。いずれにしても、食べるための手の操作をとっても、「右脳」と「左脳」は、別々のちがった命令を出しながら、しかも、両者をシンクロさせてはたらかせています。専門的には「分離－協応動作」といいますが、左右の脳が各々の役割を担えるようになった状態を、「ラテラリティ」が発達したといいます。

　ちなみに、現場ではこのあたりの考え方で、若干の誤解がありそうなので付け加えて説明しておきましょう。たとえば、子どもの「利き手」を問うときに、「箸を右手でもっているから」「鉛筆はいつも右手でもっているから」右利きです、と答えられることについてです。かならずしもまちがってはいないのですが、その子の食べ方を見ていると、確かに「右手」で箸をもってはいるのですが、皿やお椀を支えるための「左手」が出てこない場合があるのです。「右手」で鉛筆を動かしているのですが、紙を押さえるための「左手」が出てこないときもあります。このような「手」は、正確にいうと「利き手モドキ」なのです。

「利き側」というのは、より緻密な情報処理をする側のことをいいます。だから「箸を操作する」「字を書く」「しっかりと覗く」「わずかな音を聞く」ときに使う側の身体部位が「利き側」として位置づけられるのです。それに対して忘れてはならないのが「非利き側」です。「非利き側」は「利き側」よりも劣っているのではなく、「利き側」がより効率よくはたらけるようにサポートする役割を担う側なのです。だから、「皿を支える」「紙を押さえる」といった役割を担うのです。そして、その「役割分担」は左右の「脳」のはたらきによるものなのです。

先ほど挙げたように、もし、右手しか使っていない子がいたとすると、それは、左右の脳がまだ、しっかりとした「役割分担」を発達させていない、つまり「利き手」になり得ていない状態であると考えなければならないのです。この後、「利き側」の発達については、背景に左右の「脳」のはたらきのあらわれがあることを念頭におきながら、「育てにくい」子どもたちが抱えやすい問題について考えていきたいと

ラテラリティの未発達

思います。

■「平衡感覚」のはたらきと「正中線」

それでは、左右の「脳」が役割分担をしはじめる＝ラテラリティが発達していくには、何が必要かについてお話ししていきたいと思います。生まれたばかりの赤ちゃんの「脳」は、まだ、左右の役割分担ができていません。それが、一歳をすぎるころから、何となく「右利き」なり「左利き」の傾向が見えはじめ、三〜四歳ごろにははっきりとしてきます。そして、七〜八歳で、ほぼ大人のレベルに近いラテラリティが発達するといわれています。そして、そのときに非常に大きな役割を担っているのが「平衡感覚」の情報なのです。

先に「平衡感覚」については、「姿勢の調整回路」とのかかわりが深いことを説明してきました。子どもの発達の過程において、「姿勢」の維持調整ができるようになってくると、「姿勢の中心軸」が形成されます。この軸のことを専門的には「正中線」と呼びます。それは物理的に引かれる線ではなく、「脳」のなかで形づくられる「左右の中心軸」です。その「正中線」という中心軸をひとつの基準にしながら、からだの右側と左側をうまく使いこなしていく機能が、先ほど述べた「ラテラリティ」なのです。

つまり、「平衡感覚」の回路をしっかりと育てていくことを通して「正中線」が発達していき、「正中線」を基準にして「ラテラリティ」が発達していくとお考えいただいてまちがいありません。

しかし、「平衡感覚」の回路の交通整理でトラブルがあると……。そうなのです。先ほどから説明してきた「姿勢が崩れやすい」「筋緊張が低い」「目が回りにくい」「自己刺激的に動きまわる」といった状態像をしめす子どもたちのなかに、「ラテラリティ」が未発達であることも重なって現れやすいのです。

これらのことは、子どもの「知能」の発達とは別の次元で生じているトラブルなので、知的にまったく正常であっても、「年長になっても『利き手』が確立していない」「幼少期は、くつの左右を平気ではきまちがえていた」「ことばの上でも『右』や『左』がよくわからない」「小学校三年生になっても、左右反転した文字（鏡文字）を書いている」「漢字の偏とつくりをまちがえる」といった状態像をしめしやすくなるのです。

■「ラテラリティ」の発達と「言語中枢」のはたらき

さらに話はややこしくなりますが、そういう子どもたちのなかには、理解力は非常に高いのに発語がたどたどしいとか、いろいろしゃべるのに聴きとりの能力が低いといった「ことばの発達のつまずき」が出てきやすくなります。くりかえしますが、知能は正常なのに、「筋緊張が弱い」「姿勢が崩れやすい」「目が回りくい」「自己刺激的に動きまわる」といった「平衡感覚」のトラブルがセットになっている子どもたちです。

そんな子どもたちに、ブランコなどで思いっきり揺らしてあげる、グルグル回るあそびをふんだんにさせてあげる、といった活動を半年ほど続けているだけで、あっという間にことばのトラブルが解消していくことがあります。

先ほどの「脳」の左右の話の続きになりますが、左右の「脳」には、反対側の手足の「運動」を司る運動の中枢があり、「感覚」情報を受けとめる中枢も逆の側に備わっています。左右はクロスしているものの、各々の脳に感覚や運動の「中枢」が形成されるのです。しかし「言語中枢」だけは、両方の脳に形づくられることはありません。一般的には「左脳」にしか形成されないことがわかっています。どうして、左右の両方の脳に「言語中枢」がつくられないのかはわかっていませんが、人

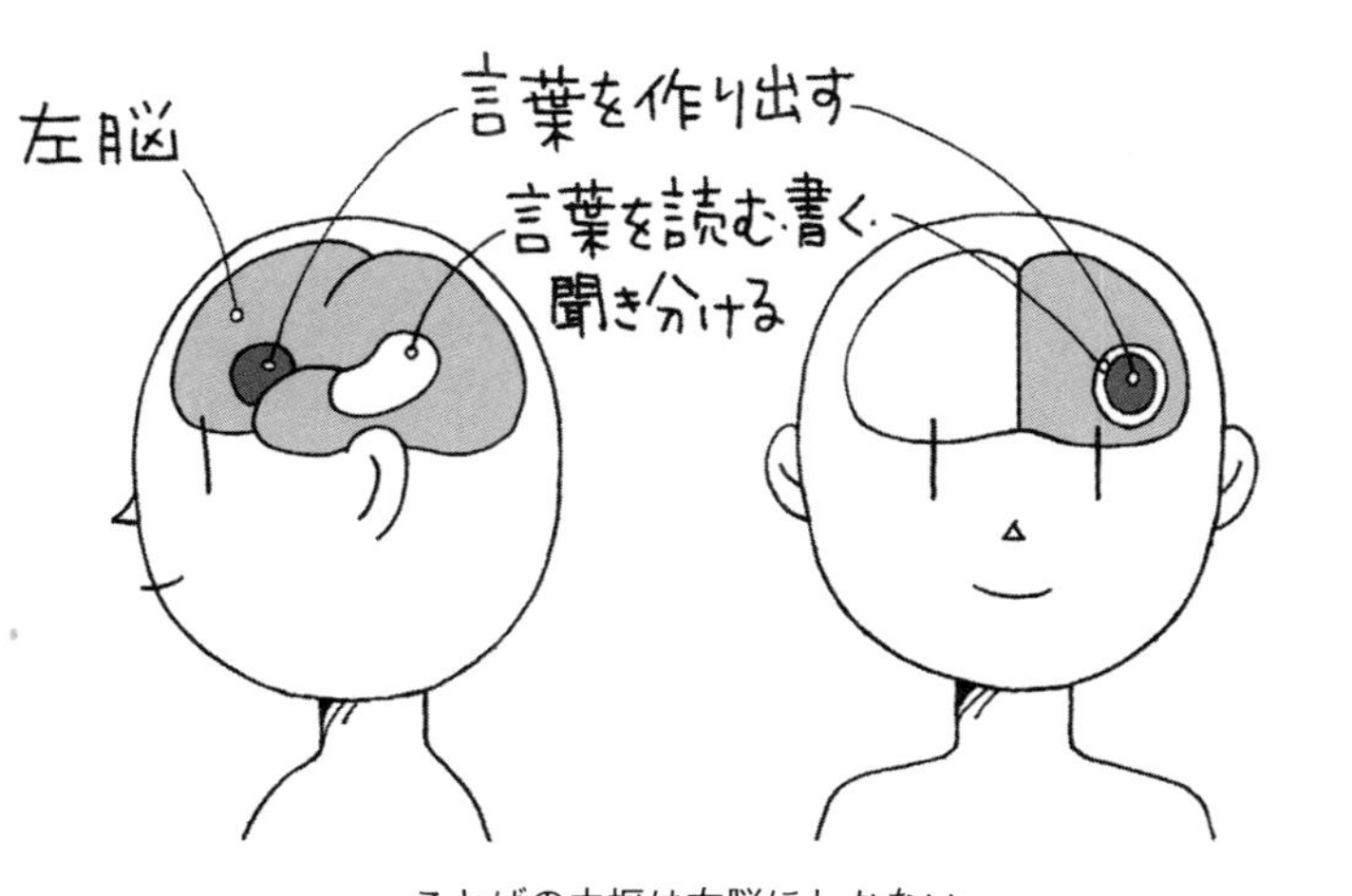

ことばの中枢は左脳にしかない

間だけが明確な「利き側」を発達させること、人間だけが「優れた言語機能」を獲得できたことと無関係ではなさそうです。

4

事例別アドバイス

はじめに、ここに登場する子どもは、ある特定の「一人」ではないことを申し上げておきたいと思います。私が出会ってきた多くの子どもたちが見せてくれた、さまざまな「状態像」を集めてきて、「典型的な症状」としてまとめ直したものです。

落ち着きのないA君

①A君の状態像

A君は小学校一年生。地元の普通学級に通う元気な男の子です。ただ、元気すぎて走りまわったりピョンピョン飛び跳ねたりと、やや落ち着きがなく多動気味。授業中も退屈してくると、ときおり立ち歩いたりしてしまいます。あるいは、机に伏せたり頬づえをついて授業を聴いています。

若い担任の先生は、最初のうちはやさしく諭すようなかかわりをしてくれていたのですが、だんだん厳しくなり、三学期には一日に何回も怒鳴られるような叱られ方になってきました。担任からは、「知的に遅れているわけでもないし、当番などの約束事は守れるのに、授業中に立ち歩かない、シャキッとするという約束は守れない」との嘆きの声が聞こえてきます。

②A君への対応と経過

A君のご家庭では、朝の一五～二〇分の間、近所の公園のブランコで大揺れしてから学校に行くことや、室内用の小さなトランポリンで数十分間跳んであそぶことを続けてもらいました。もちろん、学校から帰った後のすごし方としても、室内あそびよりも「外あそび」を重視し、アスレチック風の公園を多く使う配慮をしていただきました。

結果的に二年生にあがったころには、多動も目立たなくなり、授業中のだらけたようす＝姿勢の崩れも見られにくくなっていました。そして、三年生にあがる前には、当初の問題は、ほぼ解決した状態になっていったのです。

③A君の状態像の背景を探る

それでは、このA君の「落ち着きのなさ」と「ブランコやトランポリン」とは、どのような関係にあるのでしょう？　あるいは、A君の「シャキッとしない」という態度や行動の背景に何があったのでしょう？

実はこのA君、脳のなかでの「平衡感覚」の交通整理がうまくできていなかったのです。私たちが、この「平衡感覚系」のトラブルから「姿勢を保つ」ことや「眼球を動かす」などのからだの機能が発揮されることは先に述べた通りです。

A君の場合、この回路がうまく育っていなかったために（＝道路自体が未完成であったり、赤信号が出やすかったりなど）姿勢が崩れやすくなっていたことが推察されます。だから、外から見ていると「気持ちがだらけている」「やる気がなさそう」というふうに見えてしまいました。つまり、「平衡感覚」を受けとめる回路が十分に育っていなかったために、脳に入ってきた「平衡感覚」の情報が途中で消えてしまいがちになっていたことが推測されます。この状態を専門的には「前庭系（平衡感覚のネットワーク）の低反応」と呼びます。そして、「情報不足」として感じとった脳は、「もっと強い刺激情報」を求める行動を指示します。そうです、「平衡感覚」の刺激を求める行動そのものが「立ち歩く」「ピョンピョン跳びはねる」などの行動となっていったのです。

対策として「A君の脳の状態」に見合った平衡感覚刺激を入れていく方法をとりました。具体的には、A君が「感じた」と体感できるくらいの強い「揺れ」や「回転」の情報を脳に送り込んでやることです。それが、ブランコやトランポリンあそびでした。ただし、ひとり揺れやひとり飛びでは、刺激を求めてからだが勝手に動いている多動状態と変わりありません。かかわる大人の側が揺らしてあげる、跳ぶ大きさを加減してあげることを大切にして取り組んだ成果が前述の内容です。

ケンカがたえないB君

①B君の状態像

保育園の年長組になるB君は、見た目には、ちょっとものおじが強いけど可愛い男の子です。年少から保育園に通いはじめたのですが、以前からかんしゃくをおこしやすかったり、人になつきにくかったりなど、お母さんには育てづらかった印象が強く残っています。

学校のクラスでは、あまり目立たないB君ですが、「行事」の練習や本番になると、トラブルばかり起こしていました。具体的には、隣に並んでいる友だちとケンカや小競り合いを起こすのです。まわりの友だちは、「B君が急にたたいてきた」「何もしていないのにつきとばした」と言います。しかし、本人は「どうしてだか、よくわからない」という曖昧な説明ばかりをくりかえします。かならずしも友だちづきあいが豊かではないB君に対して、担任の先生は、友だちとの衝突が「行事」やその練習場面で見られるたびに、何度も「言い聞かせて」注意もし、ときには叱りつけたりもしていました。しかし、なかなか言うことを聞かないB君を見るたびに、親のしつけが悪いのではないか……との疑問が頭をもたげるのでした。

一見、「対人関係」のつくり方がへたで、しかも「情緒的」に不安定であったり、「場面適応」が悪いと見うけられる子どもの場合、「家庭環境」や「親のしつけ」を問題視することが多いものです。実際に、B君のお母さんも「しつけ方や育て方」についての指摘をたくさん受けていました。

②B君への対応と経過

このB君について、担当した作業療法士の先生は、家での対策として、二種類の宿題を出しました。

ひとつは、前述した「手探りあそび」です。

もうひとつは「ゆっくりマッサージ」です。入浴時にアカこすりなどちょっと堅めの素材で、手足・からだを「非常にゆっくりとこすってもらう」のです。その間、B君に求められた課題は、触られることをがまんするのではなく、興味や関心が自分のからだのすみずみにまで行きわたるように、「こすってもらっているからだの部位に『注意や関心』を向ける」ことでした。一般的に行われている乾布摩擦ではスピードが速すぎるので、かならずしも関心を向ける反応は引き出せません。これも、はじめのうちは脇腹まわりでくすぐったがったり、首すじのあたりは触られるのを嫌がっていたのですが、無理強いしないように、でも、根気強く続けていくうちに、「注意や関心」の向け方が安定し、しっかりと受け入れられるように変化してきました。そして、半年ほどで「手探りあそび」も成功率が高まっていきました。「ゆっくりマッサージ」でも「注意や関心」の向け方が安定してくるのにともない、園での「行事」やその練習中での小競り合いが激減していったのです。

その間のB君の変化で、お母さんが実感されたことは、学校でのトラブルが減ったことよりも、自分に「なついてくれる」ようになったので、以前よりはるかに「可愛いB君」として受け入れられるようになったことです。

③B君の状態像の背景を探る

それでは、なぜ「しつけ」や「愛情のかけ方」ではない対応の仕方だったのに、B君の症状が改善していったのでしょうか？　B君のようすでは、皮ふ感覚、つまり「触覚」のネットワークに混乱が生じていたのではないか、という視点が重要になってきます。

実際のところ、皮ふ感覚にまつわる「生活場面」でのようすをお母さんから情報提供していただくと、いくつもの該当する話題が出てきました。

B君は前述した「触覚防衛反応」の症状が出ていたのです。ですから、「粘土」や「フィンガーペインティング」、「砂」あそび、「芝生」といった、普通の子どもたちが楽しめる素材でも、拒否が出ていました。また、日常生活でも自分のからだを「触られる」行為、つまり、「散髪」や「髪をとく」こと、「耳あか取り」や「歯みがき」「爪切り」といった行動に拒否反応が出てしまったり、ましてや、親があたりまえにとる「ほおずり」や「抱きしめ」といったスキンシップ行動にさえ生理的な不快さを感じていたのでしょう。こういった生活経験のなかで、「親になつきにくい」「粘土や砂などに触りたがらない」といったB君の行動が形づくられていったと考えることができます。

結果的に、「わずかにからだが触れ合う」ような場面、たとえば運動会などで「小さく前にならえ」をするときや、発表会などで狭い舞台の上に立って並ぶときなどに「防衛反応」が出てしまっていたと考えることができるのです。本人も理屈ぬきに「不快」さを感じてしまい、唐突に「攻撃行動」となって現れていたのでしょう。

みなさんは、B君の生い立ちから今にいたるまでの行動トラブルをきいて、「原始系＝本能的な行動を引き出すネットワークが過剰にはたらいていた」という背景を推測できたでしょうか？　症状として生じていた行動であったからこそ、いくらことばで言い聞かせても（聴覚刺激？）、また、約束やしつけとして教え込んでも（がまんを教える？）効果があがりませんでした。そして、功を奏したのは「本能的な触覚」にブレーキをかけるために「認知的な触覚」を育てる対策でした。結果的に、「識別系」の回復にともない、問題の多くが解決されてきたと考えられます。

不器用なC君

①C君の状態像

C君は、小学校二年生ですが、ちょっとひ弱さを感じさせる男の子です。歩き方もふらついていて、見るからにからだがフニャフニャしています。普通学級には在籍していますが、学力的にも何とかついていけてる程度のようです。そんなC君が最も苦手な科目は「体育」で、とくに器械体操系は大の苦手です。今でも、鉄棒はかろうじて前回りが一回できる程度で、逆上がりなんてとんでもない、といった状況です。マット上での前回りは、まっすぐに回れず、かならず右か左に崩れてしまいます。縄跳びも自力で一～二回跳ぶのがせいいっぱいです。

小さいときから、かかわる指導者たちに「筋肉が育っていない」と言われつづけていて、親御さんも「筋力トレーニング」が最重要課題だと考えておられます。ときどき、お父さんと「ウサギ跳び」で足腰の筋肉を鍛えたり、「腕立て伏せ」で上半身の筋肉を鍛えているそうですが、大した効果はあがっていません。

②C君への対応と経過

そのようなC君にかかわった作業療法士は、「トランポリン」に乗ってもらうことにしました。ただし、指導者側はトランポリンの外に立ってC君の両手をもってあげるのです。そして、リズミカルにジャンプしながら、「イチ、ニーのぉ～サン」で高く放り上げてやります。その際に、着地する場所があっちこっちに移動しないこと、着地に失敗してひざ折れしないことをルールにしました。

はじめのうちは、足の位置が前後左右にブレるのですが、「イチ、ニーのぉ～サン」が七〇～八〇回くらいになると、まっすぐに着地できるようになってきました。一五〇回を越えるあたりから、C君自身の息切れが激しくなり、介助している指導者のほうも疲れてきました。そして、二〇〇回を数えたところで終了。

その直後、マットの上での前回りをしてもらうと、なんと、今まで左右に崩れていたフォームが、まっすぐに回れるようになっています。縄跳びも、一～二回程度しか跳べていなかったのに、五回連続して前回し跳びができるようになっていました。「筋肉を鍛える」という視点で考えると、トランポリンでのジャンプをした直後では、「疲労」効果が出てかえって成績が悪くなっていてもよさそうなのに、できばえが向上しているのです。

③C君の状態像の背景を探る

C君の運動機能の問題は、一般的に「不器用」といわれる状態ですが、その背景に「姿勢の維持・調整機能」の未発達が大きくかかわっていることがうかがえます。

前回りでも「姿勢の軸」がまっすぐに保てないから、回っている最中に左右に崩れてしまう状態になっているのです。また、縄跳びも、一回縄を回すごとに「姿勢」が前かがみになり、そのつど、からだを起こすのに時間がかかり、一～二回で止まっていたのです。

そこで、「姿勢調節回路」のほうにスイッチを入れるために、「大きな揺れ刺激」を使うことにしました。「落ち着きのないA君」のときと原理的には同じです。したがって、「この平衡感覚の刺激、感じたよ」という本人の反応が引き出せるのなら、ブランコやハンモックなどのあそびでも同じような効果が出せることが多いです。

このように、C君の状態像の変化は、「筋肉を鍛えた」からではなく、「平衡感覚」の回路がつながってきたからこそ「姿勢の維持・調節」がしやすくなり、結果的にマット運動や縄跳びなどの「運動・動作・行動」がスムーズに行えるようになったと考えることができます。

よく物にからだをぶつけるDちゃん

①Dちゃんの状態像

小学校三年生のDちゃんは、おっちょこちょいな女の子です。加えて、物の置き忘れは日常茶飯事。お家の勉強机の上やまわりは散らかり放題。お片づけが大の苦手です。ここまでは、まだ、お母さんも笑っているのですが、敷居の段差で足の指をぶつける、半開きのふすまに肩や腕をぶつける。お母さんからすれば、とにかく自分の娘がからだをあちこちにぶつけるので見ていられないとのことです。

②Dちゃんへの対応と経過

こんなDちゃんにかかわった作業療法士は、彼女を公園に連れて行きました。そして、ジャングルジムを「登り降り」するのではなく、「くぐりぬけ」あそびとして誘いました。しかも、地に足を着けてのくぐりぬけではなく、ジャングルジムの二段目か三段目あたりに乗ったままでくぐりぬけるあそびです。

はじめのうち、頭をゴチンとぶつけて「イタタタ……」なんて言っていたDちゃんですが、だんだんと頭を下げる位置や、手足を置く位置を工夫しはじめ、三〇分もあそんでいるうちに、スムーズにくぐれるようになってきました。

その変化を見届けた作業療法士は、今度は「後ろ向きにくぐってあそぼ！」と課題をレベルアップ。動く向きが反対になった当初は、チラチラと後ろを見ながらも肘や肩をバーにぶつけたり、一時、手足を動かす手順が混乱してイライラしたようすも見られましたが、こちらも二〇分足らずでマスターしました。

その後、Dちゃんと家に帰り、室内で「背中の文字当てクイズ」「腕と足の文字当てクイズ」などを楽しみました。それから、お母さんにお願いしたことは、お風呂で使うアカこすりタオルなどで、全身をゆっく～りこすってあげる取り組みです。

この日、夕方から夜ふとんに入るまで、家では一度もからだをぶつけることがなかったし、物の置き忘れもなかったのが、お母さんには印象的でした。しかも、心なしか、勉強机の上が片づいている印象があったとか……。

以後、お母さんは、ジャングルジムだけでなく、Dちゃんを木登りやアスレチック公園に連れて行く機会を多くしたり、家では「からだに描かれた文字当てクイズ」「全身のゆっく～りマッサージ」を続けていかれました。それにともない、からだをぶつけるそそっかしさは激減し、物の置き忘れもだんだんと少なくなっていきました。性格的なおっちょこちょいさは変わりませんが、六年生になった今、運動の苦手さは引きずっているものの、かつてのようにからだをぶつけるという危ないことはなくなり、身のまわりの整理整頓もずいぶん上手になってきています。

③Dちゃんの状態像の背景を探る

Dちゃんの行動のトラブルに、前述した「ボディイメージ」の未発達が大きく影響していると考えられると察しがつくでしょうか。

Dちゃんは、「ボディイメージ」が未発達であったために、「運動企画」が十分に発揮できませんでした。その結果、自分のからだでありながら「あっちこっちにぶつける」ことが頻発していたのです。

さらに、「ボディイメージ」は、自分の「運動・動作・行動の意味づけ」になくてはならない機能です。私たちも、パターン化した運動・動作・行動では、「ボディイメージ」はほとんど必要ありませんが、同時に「いつ、どこで、何をしたか?」という記憶も残りにくくなります。毎回、切符は右のポケットに入れることを「パターン化」していると、たまたま、別のところに切符を入れてしまったときに、探すのに苦労したなんてことがあるでしょう。同じことが、Dちゃんには毎日生じていたことがうかがえます。

さらに「ボディイメージ」は、自分のからだを中心にして外界との関係のつくり方を教えてくれます。身のまわりを整理整頓する行動は、そのような機能を土台にして発達していきます。Dちゃんの「片づけ下手」も、単純に「ボディイメージ」の未発達だけに原因を求めるわけにはいきませんが、大きな要因となっていたことは可能性大です。

作業療法士が指導したあそびは、「触覚・固有覚・平衡感覚」を使いこなしながら「ボディイメージ」を発達させ、「運動企画」につなげていくプログラムでした。その積み上げの成果として、Dちゃんは、からだをぶつけなくなっていったし、身のまわりの片づけも上手になっていったと考えられます。

乱暴で手加減ができないE君

①E君の状態像

E君は小学校一年生の元気な男の子です。人なつっこく、かかわりを求めてくるのですが、人に呼びかけるときに、軽く肩をトントンして、「ねぇねぇ」と呼びかけるのでなく、バシバシと力任せにたたいてくる行動が見られます。

それがきっかけで友だちが近寄らない、クラスメートからは乱暴な子という見方をされてしまう、という状況になっていきました。

また、体操服に着替えるときに、袖口に腕が通りにくくてもむりやり腕を入れようとするので服が伸びてしまう、ときにはやぶれてしまう。また、体操服を袋に入れるときには、たたまずに丸めて入れてしまう。さらに、袋の口に服が引っかかっていてもむりやり入れるので袋がやぶける、ということもよく見られました。

食事場面では、コップにお茶を注ぐときに、やかんの口を大きく傾けすぎるので、大量のお茶が出てしまい、こぼしてしまいます。

これらのことは、着替えや食事時にとどまらず、E君の日常すべてにわたって見られる行動でした。つまり、人へのかかわり方も下手ならば、物をていねいに扱うこともうまくできないのです。担任の先生は「ていねいに」とか「ゆっくりと」と教えていますが、なかなか言われるとおりにできません。挙げ句のはてに、担任は、「親のしつけ」が悪いと理解していったようです。ただ、当の親御さんも同じ悩みを抱えていて、それが「親のしつけ」のせいにされていることに反感ももっておられました。

②E君への対応と経過

担任の先生は、体育会系の三〇代の男の先生だったので、クラスを訪問した作業療法士は、まず、休み時間には、E君を含む元気な男の子たちと「相撲ごっこ」や「組体操ごっこ」をしていただくようにお願いしました。

次に、校庭のまわりに植えてある木で、登り降りしても大丈夫な木があれば、「木登りあそび」をさせてあげてほしいことを伝えました。これらの提案は、幸い「からだづくり」がその年の教育テーマのひとつに挙がっていた小学校だったので、比較的、受け入れられやすい課題でした。

三つ目は、ラジオ体操などの全身運動を行う際に、標準のスピードではなく、「二分の一のスピード」にしてみたり、もっとゆっくりの「スローモーション体操」などもやってみてほしいことをお願いしました。

四つ目は、子どもたちがあそび感覚で取り組めそうな「ストレッチ体操」や「ヨガ」のポーズがあれば、取り入れていただくことを提案しました。

初回の訪問が一学期の六月下旬だったのですが、それらの取り組みがなされた結果、二回目に訪れた三月の下旬には、まず、「ねぇねぇ」のバシバシはまったくなくなっていました。また、着替えの不器用さや脱いだ服をたたむことは大きく改善してはいませんでしたが、少なくともむりやり腕をつっこんで服が伸びる、着替えを入れる袋の口が破れる、といった「乱雑な扱い」は軽減していました。

③E君の状態像の背景を探る

E君の状態を理解するために、第三章で出てきた、「固有覚」の統合不全を思い起こしてください。固有覚とは、手足やからだの関節の動かし方や筋肉への力の入れ加減を調整するときに使う感覚でした。E君はそれが調整できなかったので、人に話しかけるときでも、力加減ができないまままたたいてしまったり、お茶をていねいに注げなかったりしたと思われます。担任の先生には、はじめにそのことを解説してみたのですが、どうもピンとこなかったようです。お話の最後には、「親にしつけをもっとしっかりと……」となるので、これでは「木登りあそび」や「ストレッチ体操」の提案も無意味になってしまうと感じた作業療法士は、以下のような「実験」をしてみました。

まず、同じ色・かたちのコップを二個用意してもらいました。そして、E君と担任の先生に向かい合って座ってもらいました。担任の先生には、両手を合わせて手のひらで受け皿のかたちをつくってもらいます。それから、「ルール」の説明です。ひとつ目の指示は、「E君の手に渡したコップが空っぽだったら、担任の先生の手のひらに水を注ぐまねをしてください」というものです。もちろん、なかは空っぽだから何の支障もありません。ふたつ目は、「もし、コップのなかに水が入っていたら、注ぐしぐさはしないで、横のトレイに戻してください」という指示です。この程度のルールならわかるよとの表情で、E君はうなずいてくれました。

そして、いよいよ本番です。

第一回目、E君の手には「空っぽのコップ」を手渡しました。E君はなかをちらっと見て、空っぽだと確認して、先生の手のなかに注ぐまねをしました。次に、「水の入ったコップ」を渡しました。E君は、やはりちらっとコップのなかをのぞき込んで、さりげなくトレイにコップを置いてくれました。

第二回目、今回も、はじめに空のコップ、次に水の入ったコップを渡しました。E君ははじめのコップは注ぐまねをして、次はトレイに置くことをしました。これを三〜四回くり返して、一回もエラーがなかったことを担任の先生ともども確認しました。E君本人も、「なんだ、この程度のルール……」といった表情です。

けれど、「本当の本番」はここからなのです。今度は、E君には目隠しをしてもらいました。そして、このときに、はじめて「水の入ったコップ」を最初に渡したのです。「ひとつ目のコップは空っぽで、ふたつ目には水の入ったコップが手渡される」という順序を学んでいたE君がとった行動は……ここまで述べれば、推測はつくでしょう。はじめに手渡された「水の入ったコップ」の水を、ものの見事に担任の先生の手のなかに注いでしまいました。

それでは、E君はどうしてこのひっかけを見抜けなかったのでしょう。

目で見ないと水が入っているかどうかわからない、E君の

1回目の実験

ようすを見て、はじめて担任の先生はE君の症状（固有覚の統合不全）を理解されたようです。私たちが物をもったときに、「重い」「軽い」を筋肉の力の入れ加減で判断していることは第三章で述べた通りです。あるいは、こぼさないようにお茶を注ぐときに、腕の関節の角度がどのように変化しているかを感じることで、ていねいに扱えるのです。

木登りあそび・おしくらまんじゅう・ジャングルジムをくぐりぬける・重い物（机やイス）をもって運ぶなど、私たちが日ごろ、何気なくからだを動かしているなかに、どれほど多くの「固有覚フィードバック」が必要かを、自分のからだで十分にわかっておく必要があるのです。

「相撲ごっこ」や「組体操ごっこ」「木登りあそび」「スローモーション体操」「ストレッチ体操」「ヨガ」といったプログラムも、その原理を知らないままに、やみくもにやらせていただけでは効果が半減します。指導する側が、「この動きのなかで、子どもは固有覚をしっかりと使っているな」と読み取りながら取り組むからこそ、高い効果が期待できるのです。

目隠ししての実験

プールを嫌がるFちゃん

①Fちゃんの状態像

Fちゃんは小学校二年生の女の子です。学校に入るまではビニールプールに入る水あそびが大好きでした。小学校一年生のときの夏も、水あそび程度で体験できているうちは、プールが大好きな女の子でした。でも二年生になって、ある程度泳ぎの指導が入ってきたときに、プールを嫌がるようになりました。それは、先生に手伝ってもらって、「仰向き」になって浮く練習がはじまったころでした。また、家族と一緒にプールにあそびにいった際に、お父さんから「飛び込み」をさせられたとたんに怖がるようになりました。

②Fちゃんへの対応と経過

たまたま、Fちゃんと一緒にプールへ行く機会があった作業療法士は、ご家族の方の協力を得て、まず、プールサイドで「仰向けに寝ころがる」ところから入ってみました。床が固くて文句を言ってはいましたが、当然、怖がる素振りは見られません。

次に、プールサイドにサーフィンに似た大きなウレタンマットがあったので、その上で「仰向け」に寝てもらいました。やはり、怖がるそぶりはありません。

その後、ウレタンマットごとプールに浮かべてあげました。場所が陸から水上に移動したこともあって、やや表情は硬くなりましたが、怖がるようすはありません。

そして、いよいよ、わずかずつウレタンマットを水平に保ったままで、水のなかに沈めていくことにしました。その際に、Fちゃんには「力をぬいていたら浮く」ことを声がけしながら。この日は、アプローチの初回だったので、ウレタンマットが水面ギリギリに沈む程度でやめておきました。Fちゃんは、その後は、足が着く子ども用のプールで目いっぱいあそんでいました。

そこでもうひと押し、今度は、子ども用の浅いプールで、作業療法士はFちゃんをしっかりと横抱きにして水中に入りました。Fちゃんは、両手をプールの底のほうに伸ばして深さを測っていましたが、すぐに手が届くことがわかると、落ち着いて作業療法士に抱っこされていました。

その後、からだをピッタリと密着した抱き方から、作業療法士は、

マットごと水に浮かべ
少しずつマットを沈めてゆく
プールサイドなどでウレタンマットの上にあお向けになる
重力不安のある子へのアプローチ

抱き方を少しだけルーズにしていきました。急に抱いている手をほどくと、怖がるFちゃんも、だんだんと力をぬいたまま浮力に身を委ねて浮いている感覚がつかめてきたようです。十数分もすると、頭の下と腰の下を軽く支えておいてやるだけで、プカプカと浮いていることができるようになってきました。

後日、ご家族だけでプールにあそびに行った際に、お父さんやお母さんから、今回と同じような「体験」をさせてもらっているうちに、足の着かない深さのプールでも浮き輪があればだいじょうぶになり、二学期がはじまったばかりのプールも楽しめるようになっていました。

③Fちゃんの状態像の背景を探る

状態像としては、平衡感覚系の統合不全があるために、足が地面から浮いてしまったときや、不慣れな姿勢をとらされるときに、体が本能的に防衛反応をしめすものです。それらは「姿勢不安」、「重力不安」と呼ばれます。くわしいことは第三章を読み直してください。

私たちも、バンジージャンプで飛び降りている瞬間など、姿勢の維持・調節ができなくなると恐怖感を感じます。あるいはプールの飛び込みで、頭から飛び込んだほうが痛くないとわかっていても、足のほうが下に向いてしまって、おなかをもろに水面に打ちつけたりします。

人間は歩けるようになるまでは、頭を地面からもち上げて、足は下に向ける姿勢のつくり方を学んできました。でも、飛び込みはその逆をしなければいけない。頭が下になるというのは、動物としてはとても危険な状態をつくり出しているわけで、それに対して私たちは本能的に恐怖心を抱くのです。いずれも平衡感覚系がつくり出す警戒反応ですが、過剰に出てきたときに「重力不安」「姿勢不安」という症状として現れます。Fちゃんは水あそびは好きなのに、重力不安・姿勢不安があったために、プールでの学習課題についていけなくなったと推測されます。

「重力不安」や「姿勢不安」を改善していくには、支持基底面をつくり、姿勢を安定させることで、症状が抑制されます。支持基底面とは、姿勢を安定させるときの接地面のことをいいます。スタートは支持基底面をたっぷりとって、それを段階的に狭くしていっても姿勢が維持できることを学習していくことで、水面で浮くことが怖くなくなっていくのです。

しっかり姿勢を支えると

重力不安のある子へのアプローチ

一般的には、「安心できる状況をつくってあげた」ことが功を奏した、というような言い方になりますが、これだけだと「精神的」な支援という意味づけにとどまってしまいがちです。ここに、感覚の統合という視点をもち込むと、「姿勢の安定性を確保してあげたことによる効果」というように、生理的・身体的なアプローチとして理解することができます。

特定の音を怖がり、耳ふさぎをするG君

①G君の状態像

年長さんになるG君は、笛吹ケトルやバイクの音、風船が割れる音、雷の音、打ち上げ花火の音など、日常生活で耳にする身近な音に対して、耳をふさいだり怖がったりします。だから、運動会のかけっこで、スタートの合図のピーッというホイッスルの音も怖くて、年少さんのときも年中さんのときも、このプログラムには参加できませんでした。さらには、入場門もくぐれない状況がつづきました。ご両親は、この入場門もくぐれないことについては、当初なぜだかわかりませんでしたが、よくよく見てみると、ゲートに飾りつけてある沢山の「風船」に近づきたがらなかったことがわかってきました。おそらく、風船が割れることを想像して、怖くて近

づけなかったのでしょう。

なお、G君は、この「音を怖がる」「耳ふさぎをする」以外にも、それほど強くはなかったのですが、B君と同じように「触覚防衛反応」も出ていました。年少さんのころは「のり」に触れなかったりしました。帽子をかぶるのが苦手で、とくにあごひもは嫌いでした。ゴムをあごに掛けずにいつも口にくわえていたので、親や担任から注意されていました。砂あそびもそれほど好きではありませんでした。ほかの子どもたちが砂場であそんでいると、同じようにあそびたくなり砂場に入っていくのですが、スコップやお椀をもって、極力砂が手に触れないようにしてあそんでいました。歯みがきの仕上げみがきは、何とか親にやらせていたものの、耳あか取りは大嫌いでした。

②G君への対応と経過

年長さんになって担当した作業療法士は、G君に対してふたつの視点で取り組みました。まず、B君のときと同じように「触覚防衛反応」を改善していくアプローチを導入しました。この内容については、B君のページを参考にしてください。

もうひとつは、直接的に「聴覚」へのアプローチをしていきました。具体的には、「風船割り」あそびです。

第一段階としては、荷造りのクッションに使われる「プチプチ」(衝撃吸収材)

を指先でつぶすことからスタートしました。それを、今度は針で突いて割るあそびにしていきました。いずれも「プチッ」と音がすることを楽しみにして、何回もあそびました。

それが飽きてきた頃には、第二段階に発展です。ゴム風船を切り開いて、「プチプチ」の気胞と同じくらいの大きさの気胞を作ってやり、B君にもたせた針で突っついて割るあそびです。B君は、これも興味をもって「突っついて割る」あそびをくりかえしてくれました。そして、第三段階に入ると、風船の気胞を少し大きくして「大人の親指サイズ」にふくらましてから、針で突いて割るあそびにしていきました。割れる音としては、先ほどまでの「プチッ」という音から、「ポン」という音に変化しています。しかし、割ることが面白くなってくると、怖さよりも興味・関心の方が優位になり、あそびがつづきます。さらに発展させてピンポン球サイズまで風船をふくらませてから針で突っついて割ることができるようになってきました。この間、わずか四〇分ほどの時間です。

親御さんには、同じようなあそばせ方で、無理をせずに「本人が興味をもってあそべるやり方」を家でも取り組んでいただくようお願いしました。

そして、一カ月後にお会いしたときには、大人の握りこぶし程度のサイズの風船も、自分で針をもってなら突いて割ることができるようになっていました。

このころから、G君の日常生活では、少し変化が見え始めました。笛吹ケトルやバイクの音、風船が割れる音、雷の音、打ち上げ花火の音などへの耳ふさぎが軽減しはじめました。

ちょうど、年長さんの四月からアプローチをはじめ、五カ月ほどの取り組みの後、夏休み空けごろには目に見える変化が現れてきました。そして、一〇月に行われた運動会では、はじめて全種目に参加できるようになったのでした。

③G君の状態像の背景を探る

私たちは誰しも、ガラスを爪でひっかく音や、黒板に爪をたてたキーッという音にぞぞっとした経験があるでしょう。音の波形でいうととんがった波の音や、高い周波数のときや、音圧の高いときに、脳の回路は識別しにくい音として受けとめます。結果的に脳は警戒態勢をとりはじめます。「触覚防衛反応」が皮ふ刺激を得体の知れない情報として受けとめたときに脳がつくりだす症状であるのと同じように、聴覚でも同じようなメカニズムがはたらいています。この回路が過剰にはたらいたときに出てくるのが「聴覚防衛」です。

G君が日常生活のさまざまな物音に対して、過剰な恐がり方や拒否、耳ふさぎをするなどといった行動は、「聴覚防衛」といわれる症状で、G君の場合、この症状が出ているために、日常生活上の不都合がたくさん出ていたと考えられます。

運動会で、スタートのホイッスルの合図が怖くて、かけっこに出られない、それどころか、入場門に飾られている風船が割れるかもしれないと思うと怖くて入れない、などの状態です。ときには、反響するような広い体育館に入れないこともありました。

「聴覚防衛」とは、聴覚刺激に対して、本能的に防衛回路がはたらくことにほかなりません。

「聴覚防衛」が出ている子の多くは、「触覚防衛反応」も出ている場合が多いのです。感覚情報の交通整理がうまくできていないという点では、情報の入口が「皮ふ」か「耳」かのちがいがあるだけで、要は本能的に防衛回路にスイッチが入りやすい状態になっていると考えられます。この状態を総称して「感覚防衛」と呼びます。

ですので、「聴覚防衛」を改善する際に、「触覚防衛反応」を改善するだけで、「聴覚防衛」のほうも軽減していくことは、実践上よく経験することなのです。G君へのアプローチで、触覚系のアプローチを導入したのには、そんな理由がありました。

次に取り組んだことは、「興味や関心を向けて」しっかり音を聞いていく練習でした。

最初に「プチプチ」（衝撃吸収材）を用いたのは、この程度なら「割れる音」に対しての怖がる反応は出ないことが予想されたからです。というより、G君にとっては「興味をもって聴く」対象になると考えられたからです。そして、徐々に「音量」や「音色」を破裂音に近づけていったというのが、前述の取り組みです。

その間、G君の脳のなかでは、聴覚の情報に「知的な関心や興味」を向けることを通して、本能的な防衛回路が過剰にはたらかないように交通整理がなされていったのです。その結果が、年長さんのときの運動会の場面でした。

同様のアプローチは、小学校の運動会で、ピストル（スターター）の合図に「聴覚防衛」が強く出ていたお子さんにもあてはまります。

ピストルの場合は、たとえば、本人は部屋のなかに入れておいてあげて、窓の外で一・二・三の合図のもとで、ピストルを鳴らしてあげるのです。窓を閉め切っているかぎり、大きな音は聞こえません。ただ、小さくパンと鳴った際に、白い煙が見えるだけです。この程度では、一般的には「聴覚防衛」は出ません。

次にガラス窓を数センチ開けて、同じように合図でピストルを鳴らします。本人が、この出来事に「興味や感心」を向けて聴覚を使っているかぎりは耳ふさぎは出ないものです。

ここから、アプローチは、「徐々に窓の開け方を大きくしていく方法」と、「徐々にピストルと本人の距離を縮めていく方法」をたくみに組み合わせていきます。本人の気持ちからすると、「しっかりと聴いていたら怖くないね」という経験の積み重ねになるでしょう。感覚の交通整理、という意味では、先に述べたように、聴覚の情報に「知的な関心や興味」を向けることを通して、本能的な防衛回路が過剰にはたらかないように交通整理がなされていった、ということになります。

G君に限らないことですが、「触覚防衛反応」や「重力不安」「姿勢不安」という「感覚防衛反応」は、自律神経系のアンバランスな状態と情緒的な「不快感・不安感」がともなうものです。いずれも、身を守るための本能的な回路（とりわけ触覚や平衡感覚はつながりが深い）が過剰にはたらきすぎている状態です。その子が性格的に「臆病・怖がり」だとか「経験不足」だから拒否しているなどと断定する前に、一度、「感覚防衛反応ではないか？」と考えてみるように心がけたいものです。

改善策としてはいくつかの方法があり、各々の感覚について、使い分けていく必要があります。ただ、共通しているのは、第一に、これ以上、防衛反応を出さないような環境とかかわり方を配慮していくこと。第二に、聴覚なら聴覚について、より認知的な使い方（＝その感覚に「注意」を向けて用いる）を通して、本能的なネットワークにブレーキをかけていくことが大切になってきます。

5

教育・保育・療育現場の方々へ

育てる側の心構え

■「ハウツー」を学ぶ以上に

その昔、まだ、真空管式のテレビが主流だったころ、ブラウン管の映りが悪くなると、本体をバンバンたたいているうちにパッと画面がもとに戻ることがありました。素人考えで、「どこか」の配線回路の接触不良があり、振動を与えているうちに何かの加減で回路がつながるのではないか、というのが実感でしょう。

でも、その図式を、そのまま子どもの保育や教育・療育に当てはめることは、とても危険であることはおわかりですね。もし、テレビの本体をバンバンたたくように、言うことを聞かない子どものお尻をピシピシたたいて育てていくうちに、言うことをよく聞く素直な子に育ったなんてことが通用するくらいなら、保育も教育も療育も「専門性」はいらないということになってしまいます。

そうではなくて、本書のタイトルにもある通り「育てにくい」子どもには、かならず「理由《わけ》」があります。言いかえれば、その「理由」や「原因」に立ち返ってその子どもを理解してあげたとき、親ならその親の、先生ならば先生の力量でアプローチ可能な「育て方の見通し」が見えてくるはずなのです。テレビという機械の

「メカニズム」がわかっていると、画面が乱れているテレビの本体をバンバンたたくのではなく、「この画面の縞模様は、垂直同期信号がズレているからだな」だとか「映像信号のなかに音声信号が混ざってしまっているからだな」などと、原因を探りながら必要な箇所の修理ができるわけです。

子どもたちにかかわる場合も同様、じっと座っていられない子どもに対して「何回注意したらわかるの！　ちゃんと座っていなさい！」と怒鳴り散らしているだけだったら、テレビの本体をバンバンたたいているのと同じでしょう。

「なぜ、この子はじっと座っていられないのだろう?」「なぜ、この子はまなざしを合わせようとしないのかしら?」「なぜ、この子はひとりあそびばかりするのだろう?」「なぜ、この子はすぐにキレるのかしら?」……と、この「なぜ?」を考えながらのアプローチを大切にしたいものです。ここから「背景」を読み取りながらの指導や、「原理」に基づくアプローチが展開できるはずです。

もちろん、どんな場合でも、完全に「原因」が把握できるとは限らないし、一〇〇点満点の解決法がいつでも見つかるわけではありません。大切なのは、そこに向かおうとする指導者側の、あるいはかかわる「大人の心構え」です。

■ことばにならない子どもの「気持ち」を受けとめて

たとえば、ハンモックやトランポリン、ブランコ、平均台などがあるプレイルームに、三歳くらいの子どもが入ってきました。でも、その子はどの遊具にも触るだけとか、片ひざを乗せるだけ、上半身を乗せるだけで、すぐに離れていってしまいます。楽しそうな遊具がいっぱいなのに、どれでもあそぼうとしません。このとき、あそびたがらない、遊具そのものであそぶのが好きでない子だと読みとってしまうことが多いと思います。事前情報もまったくないまま、そんな場面だけを見ると、私たちは前に述べた「心の読み取り」の五つの条件を無造作に読みとってしまいがちになります。プレイルームにやってきた子どもの「表情」は比較的ニコニコしていて、何か場を楽しもうとしているのに、「動作・しぐさ」を見ると、近づいていってはやめてしまうのくりかえし。するとほとんど無意識のうちに、この子は「興味がないんだ」と受けとめてしまうわけです。少しでも遊具に向かう「姿勢」を見せてくれれば、「あ、この子はやりたがっているんだな」と思うけれど、ただ単に上半身を乗せるだけの「姿勢」を見たときには、やっぱりまだ「やる気がない」などと意味づけしてしまいがちです。でも、「もし、この子に強い感覚防衛反応がでていたとしたら……」「もし、非常にボディイメージが未発達な状態であったら……」という視点でみていくと、より、子どもの内面世界に近づけるのではないでしょうか？

「だらけている」「やる気がない」、もう少し言えば「態度」が悪そうに見える子どもたち。授業中にそんな態度をとっていたら、そして、その「背景」をまったく知らなかったら、先生にしてみたらムッとくるだけかもしれません。でも、案外、子どもたちにしてみたら「苦手意識」のあらわれであったり、「自分の出来なさ加減ををカモフラージュするための態度」であるかもしれないのです。この子のなかで「いったい何が起こっているの？」というまなざしを向けてあげれば、子どもたちは新たなメッセージを私たちに返してくれるのではないでしょうか？　トットちゃんが「トモエ学園」で伸びていってくれたように。

子どもの「自己有能感」を育てよう

「自己有能感」ということばがあります。パーソナリティーの発達を研究したエリクソンという先生によると、思春期前までにその基本形を育てていくことの大切さを述べています。学問的にはむずかしい定義にもなるかとは思いますが、ここでは「自分がこの世に生まれてきてよかったと思える心のはたらき」という意味で使っていきたいと思います。何か得意技をもっているわけではないけれど、「自分っていい奴だな」と思える気持ちをどう育てるか。辞書的にこれだけの意味が含まれているかどうかは横に置いておいて、子どもたちの育ちにかかわっていく仕事に就いている限り、絶対に見逃してはいけないこととして、子どもの「自己有能感」を育てていく視点を大切にしたいのです。

なぜ、「自己有能感」を大切にするかといいますと、子どもたちの「思春期」を乗りこえていくためには、何としてでも、一定レベル以上の「自己有能感」が必要だからです。もし、「自己有能感」が低かったり希薄な状態にあると、自分の心のエネルギーをコントロールできなくなってしまいます。コントロールできないまま「外に向かう」とき、暴力的になったり破壊的な行動をとったりしてしまいます。「内に向かう」ときは、不登校や引きこもり、うつの状態になってしまいます。いずれも、「自分で自分を励ます心」が干からびている状態であることには変わりありません。いずれも、学力の高い低いとはかならずしも一致しないものです。

大人の世界でも「自己有能感」が低い、あるいは希薄な状態だと、挫折経験から簡単に自殺に結びついてしまいます。自分の存在そのものを否定していく、その最たるものが自殺です。これは、知的な能力の良し悪しや社会的な地位の高さとは無縁です。

「自己有能感」とよく似たことばに「優越感」ということばがあります。また

「劣等感」ということばもありますが、「優越感と劣等感は同義語、同じ意味です」と私がいったら、みなさんは同意されるでしょうか？　両者は、辞書的には「反対語」かもしれません。ですが「人との比較」でしか自分をとらえられないという点では共通しています。他人との比較で、自分のほうが優れていると感じたら「優越感」にひたり、自分のほうが劣っていると感じたときに「劣等感」にさいなまれるのです。優越感も劣等感も「相対値」であるという意味で、同義語だと申し上げたわけです。

それに対して、私がお伝えしたい「自己有能感」というのは「絶対値」です。人との比較ではなくて、自分自身がものさしの基準になっているのです。基準になれるだけの「自分」が育っていなくてはなりません。これは、私流の言いかたでは、「**自分を『肯定的に受けとめ』、自分を『励まし』、ほめる心のはたらき**」ということになります。「自分っていい奴だな」と思えるかどうかです。母親の立場だったら、「私って、とっても素敵な母親ね」というのもいいでしょう。教師ならば「私っていい教師だ。私に担当してもらった子どもたちは幸せだわ」なんて思えることかも。ここまでくると、うぬぼれと紙一重なので、「自己認知能力」も大切になりますが、大切なことは、「絶対値」として自分を肯定的に受けとめる心のはたらきを育てていくことです。

ちなみに、「ほめる」とは、結果がでた後のことをさすことが多いようですが、努力しているプロセスをほめているときに、私たちはそれを「励ます」と言います。「自己有能感」とは、自分で自分を励ます力があるかどうかがポイントです。「励ます」ことができるから、「今は力をぬいていていいよ」とか、「今日はちょっとサボっちゃえ」なんて自分をいやすこともできるのです。「がんばれ、がんばれ」だけが励ましではありません。

発達のつまずきがあろうとなかろうと、この世に生まれてきた限りは、どの子の「心」のなかにも、「自己有能感」を育てていってあげたいと思います。

■「自己有能感」を育てるための五つのポイント

生まれたばかりの赤ちゃんは、まだ「自己有能感」が未発達です。「自己有能感」は生まれたあとの学習によって育っていくものです。そういう意味では、「自分自身の励まし方」を学ぶには、幼少期からの学習が大切といえます。そこで、「自己有能感」を育てるための五つのポイントを紹介します。

① 幼少期からの「励まされる」経験の積み重ね

生まれたばかりの赤ちゃんは、まだ「自己有能感」が未発達です。「自己有能感」は生まれたあとの学習によって育っていくものです。そういう面では、「自分自身の励まし方」を学ぶには、幼少期からの「励まされる」経験が大切です。

② 自分の存在を無条件に受けとめてくれる他者の存在

これは、生まれたばかりの赤ちゃんが経験していく、生理的な安定感から出発するものです。抱きしめられる心地よさやおっぱいを飲んだ満足感にはじまり、しっかりと自分の命を受けとめてもらうことを通して、自分がこの世に生まれたことを肯定的に実感できる経験が必要です。そして、そういった生理的な満たされ方だけではなく、さらには、しつけがはじまり、ほめてもらうにしてもしかられるときでも、やった行動だけでなく**「存在」そのものを受け入れられているという「信頼関係」**のもとで、子どもたちは育っていく必要があります。虐待（身体的虐待・精神的虐待・性的虐待・育児放棄）は、まさに子どもの「自己有能感」を損ねる最たる行為にほかなりません。

また、「触覚防衛反応」をもっている、あるいは過去に強い防衛反応がでていた子どもたちは、その「生理的な不快さ」から、他者の存在をとおして得られる「安定感」が剝奪されてしまうことを理解しておいてください。

③ **「興味・関心・好奇心」にもとづく「自己選択・自己決定」**

「自発性」ということばがありますが、言いかえれば「その子の興味・関心・好奇心」にもとづいて、自分で選んで自分で決めるということです。活動意欲に見あった選択肢が提示されるときに、子どもたちはいきいきと活動を展開してくれるものです。

幼少期でいうなら、朝の着替えで「今日は、このズボンをはく？　それともこっちのズボンをはく？」とか、食事の場面では「お茶を飲む？　牛乳にしようか？」ということです。もちろん、親が家庭で行うとなると大変でしょう。学校や保育園、幼稚園の給食でも、今日のメニューを選択するなんていうのはむずかしく、実際の現実生活のなかで選択の幅というのは限られていますが、**子どもたちが主体的に選ぶ経験**を提供していく配慮が大切だとお考えください。

当てがいぶちに「これを着なさい！」「あれを食べなさい！」とやらされている子は、たとえその後「うまくできた」としても次に述べる「達成感」は感じにくくなるからです。つまり、自分で選んで自分で決めていなかったら、いくら結果がよくても本人にしてみたら「自己有能感」が発達することにはならないのです。結局は「あの人がいった通りにやったらできただけ」という感じしかのこらないでしょう。逆に、失敗したときは「あいつが悪い」と、人のせいを決め込むことになってしまいかねません。

④「成功体験」にともなう「達成感」

「成功体験」は事実のこと。それを本人がどう受けとめるかということが、「**やっ**

たぁ！」という「達成感」です。「やらされた」ことが有能感につながりにくいのは、前に述べた通りです。

このとき、「不器用さ」をかかえている子どもの場合、よほど配慮してあげないと事態は深刻です。不器用というのは「うまくできない」という失敗体験を積み重ねさせてしまう状態像だからです。みなさんのなかでも、「不器用」な方はいると思います。車の運転が下手な人は、やはり運転についての「有能感」が低くなります。「今日はちょっとドライブに行こうか」というとき、率先して「私が運転するから」とはならないわけです。

「学習障害」や「注意欠陥多動性障害」「アスペルガー症候群」の子どもたちは概して「不器用」です。みんな多かれ少なかれ「不器用さ」をかかえています。詳細については、「ボディイメージ」や「運動企画」のところを読みなおしていただければと思います。

また、とても「不器用」だけど、「ことば」の面では問題がなく、部分的に「社会性」が長けていたりすると、「だってボクは○○だから、これはやらない」と言いわけすることが多くなり、「口先ばっかり」というようなレッテルを貼られたりすることもあります。しかし、それはその子が、自分のできなさ加減を人前にさらけ出して傷つくことから自分を守ろうとするための処世術なのかもしれません。自分の苦手さを表に出さないためにやっているわけですから、「人前に出ると傷つくんだよね」という理解といやしの気持ちで接してあげることができれば、その子は救われるでしょう。

⑤ できたことの「共有感」や「共感性」

最後に、「自己有能感」が育つには、「うまくできた」ことを、身近な他者と共有する体験、つまり**「共感性」にもとづく人間関係**が必要なのです。

普通の子どもたちは、いちいち教えなくても「共感性」というのをパッと身につけてしまうものです。ここでいう「共感性」というのは、物や場面はもちろん、相手の表情やまなざし、動作、興味や関心ごとまでも「共有する心のはたらき」と理解することができます。

首がすわるころの赤ちゃんは、ニコッと笑いかけてあげると笑い返してくるでしょう。これは、「表情の共有」のはじまりです。そして、成長とともに、表情だけではなく「動作を共有」していきます。一歳の手前くらいになると大人の「模倣動作」もたくさん出てきます。そのころには、「共同注意」もできるようになります。親がチラッと窓の外を見たら、抱っこされている赤ちゃんも窓の外を「一緒に見る」とか、空を見上げたら一緒に見上げるといったしぐさです。「見なさい」という指示を出さなくても、相手が何に注意を向けているかを「共有」していくのです。

結果的に、「場面を共有」してくこともできるのです。子どもたちはそういうことで身のまわりの出来事を勉強し、自分の力として身につけていくわけです。

もし、子どもに「触覚防衛反応」を代表とするような「感覚防衛反応」があれば、「共感性」の発達が阻害されることはいうまでもありません。「共感性」の乏しい、ひとり孤独な「心」の世界では、「達成感」を確認することができなくなってしまいます。

「自分を励ます」ことができるようになるためにも、その前にたくさんの「励まされる体験」が必要です。その背景に「共感性」が育っていなければなりません。

中途半端なアドバイスが親子を悩ませている

子どもを育てるときに、一般的に重視されるのが親子のコミュニケーションです。その基本となるのが愛着行動（アタッチメント）であることは誰も異論はないでしょう。

その方法として第一に挙げられるのが、肌の触れ合い、スキンシップです。ベビーマッサージが一種のブームのようになったのも、このアタッチメント理論があってのことです。生まれてしばらくの間、保育器のなかですごす未熟児の親子が、愛着行動を結びにくくなるのは、スキンシップ不足だからだという説もありますし、赤ちゃんとのコミュニケーションのスタートとして、生まれたばかりの赤ちゃんをお母さんが抱っこする「カンガルーケア」を実施する産院も増えてきています。

スキンシップの重要性を解説するときに、よく使われるのが「ハーローの針金ザルの実験」です。布でできた母親ザルと、針金でできたサルがあり、針金ザルには哺乳瓶がくくりつけてあります。子猿ははたしてどちらに行くか？ という実験です。そして、子猿はおなかが空いたときには針金ザルのほうに行くのですが、おなかが空いていないときは、触り心地のよい布のほうに行くという結果から、空腹を満たすことよりも、触り心地、触れ心地を好むということがわかります。そして、サルがそうなのだから、ましてや人間は、もっと触感を大切にするべきであるというものです。

また、コミュニケーション論を解説するときに、よく出てくるキーワードが「共感」とか「ジョイントアテンション（共同注意）」ということばです。赤ちゃんに笑いかけたら、笑顔が戻ってきて、それがさらに大人の側の笑いを誘うという社会的微笑の話や、発語の前にことばを介さず相手の意志・意図を汲む親子のコミュニケーションの方法を「ジョイントアテンション」といいます。お母さんが視線を移したら、子どももそこを見るとか、子どもがほしがっているものを、ことばぬきでお母さんが理解できるなどの交流のことです。

しかし、「触覚防衛反応」がある子どもは、この「ジョイントアテンション」の世界に入れないことが多いことはくりかえしお話ししてきたとおりです。たとえ入っても表面的なところで止まってしまいます。身体接触自体を楽しめないと、至近距離で笑顔を投げかけるスキンシップはできません。本来は生後半年ごろから、この「ジョイントアテンション」のひな形が形成されるのですが、「触覚防衛反応」があると初期の時点から「ジョイントアテンション」を断ち切ることを「誤学習」してしまうのです。

触覚のトラブルがあると、赤ちゃんはたえず警戒態勢をとり続け、結果的にじっくり落ち着いて取り組むという集中力は育ちにくくなります。赤ちゃんのころには、抱っこしてもぐずってしまうので、お布団に降ろしたほうが逆に落ち着いているなんてこともあるでしょう。もう少し大きくなると、ことばが出ない、まなざしが合わないなどの症状が出てきて、一歳児健診などでチェックされる場合があります。

このような症状が見られたとき、もし、健診にたずさわる専門家が「母子関係が築けていない」ことから、「もっと愛情を傾けて育てなさい」とだけアドバイスしたら、どうなるでしょう。さらに「抱っこしてよしよししてあげて」「ほおずりしてあげて」「夜は添い寝をしてあげて」というアドバイスがあったときには、どんな親子関係が形づくられていくでしょう。子どもとしては「触覚防衛反応」による拒否的な行動ばかりが露出してしまいかねません。

親は、「自分の育て方が下手だったんだ」と受けとめてしまい、専門家のアドバイスにすっかり傷つきます。そして、逃げまどう子どもをつかまえてほおずりする、子どもはのけぞって嫌がる。そのくり返しがあると、もう親子関係はズタズタです。まさに、親としての「自己有能感」を削られっぱなしになるのです。

専門的知識をもつ先生や職員が、実際に目の前の子どものようすをよく観察しないで、既存の理屈だけを子どもにあてはめてしまったとき、こうした悲劇が生まれます。これは「触覚防衛反応」にかぎりません。「脳」の配線の混乱が原因で生じてしまう数々の状態像についていえることでしょう。

「発達的視点」と「療育的視点」

■「発達的視点」……自己挑戦力と自己修正力、未学習と誤学習

ここからは、「発達のつまずき」をどのように理解していけばよいかについてお話ししたいと思います。

一般的に「発達」を説明するときに、多くの書物では「○歳で○○ができるよう

になる」という、「時期」と「能力」で語られることが多いようです。そこから、必然的にいえることは、発達につまずきがあるとは、「ある年齢になっても○○ができない」とか「ある年齢になっても○○をしてしまう」という説明になっていきます。これらは、「発達検査」や「知能テスト」で用いられるものさし（価値基準）であり、決してまちがった見方ではありません。しかし、次に述べるもうひとつ別の見方も知っておいていただきたいのです。

それは、発達につまずきがある子どもたちは、**「普通の養育・保育・教育環境だけでは、なかなか自分からチャレンジしていく力が弱く、経験の積み上げが進まない」**という視点です。いわゆる健常な子どもたちなら、いちいち特別な訓練を受けなくても、自力で歩行やことば、対人関係のつくり方を学んでいってくれるのです。まさに、**「自己挑戦能力」**の連続が、正常発達の姿といえます。

しかし、もし、「脳」に何らかのダメージがあると、「自己挑戦力」が弱くなってしまいます。その結果、発達の積み上げの空白が生じてしまいます。つまり、発達の**「未学習」**が生じはじめます。

さらに、「脳」のダメージは、**「普通の養育・保育・教育環境だけでは、なかなか自分から学び直していく力が弱く、修正がききにくい」**のです。いわゆる健常な子どもたちなら、特別な配慮をしなくても、一度学んだことを、自力で学び直してくれます。からだの動かし方やことばの使い方、対人関係にいたるまで、**「自己修正能力」**があるのです。これも正常発達の姿です。しかし、ダメージのある「脳」では、一度学んだ行動様式が固定化され、修正がきにくくなってしまいます。これは**「誤学習」**ということができます。「発達につまずきのある子どもたち」と「健常児」の境目は、ここにあります。

発達につまずきのある子どもたちは、ごく普通の環境だけでは、「未学習」と「誤学習」を、年齢とともに積み重ねて、増大させていく可能性を秘めているのです。逆に「未学習」と「誤学習」がない子どもたちのことを「健常児」という名で呼んでいる、といってもよいでしょう。

今までお話ししてきた例で説明すると、「ボディイメージ」の未発達は、自己身体を使いこなして新しい「身体運動」にチャレンジしていくことを「未学習」にさせてしまうと同時に、新しい場面に対して拒否行動やものおじするといった行動を「誤学習」させてしまう状態であるということになります。「触覚防衛反応」も「共感性」の世界を「未学習」にさせると同時に、「視線回避」や「ひとが自分にかかわることの拒否」を「誤学習」させてしまう症状だという説明することができます。

未学習――自己挑戦能力の弱さ

もし、この「未学習」と「誤学習」を最小限に抑えることができれば、子どもたちの「発達の可能性」を最大限に引きだしてあげる子育て・保育・教育になるはずです。

「未学習」と「誤学習」が今の状態をつくり出しているという考え方を、ここでは「発達的視点」と呼ぶことにしましょう。「未学習」や「誤学習」は、各種の知能検査や発達検査の「数値」だけからでは、必ずしも読みとることはできません。それは、多くの検査で使っているものさしが、「いつ」何ができるようになっていくか、というものだからです。「なぜ」「いかにして」できるようになっていくのかという「発達のメカニズム」を知ることが大切になるからです。つまずきをもった子どもたちの「実践」や「発達臨床」では、この子の何が「未学習」で、何が「誤学習」だったかを読みとり、意味づけ、そこに対してアプローチを行うことが大切なのです。

なお、「発達のメカニズム」を学んでいくことは、たやすいことではありません。発達に関するいくつもの本を読んだり、ときには研修を受けることも大切でしょう。

誤学習――自己修正能力の弱さ

■「療育的視点」……根拠となる「評価」にもとづき「仮説」を立てる

本書をお読みの方々は、いわゆる「普通教育」や「普通児の保育」にたずさわる先生方が多いでしょう。なかには、障害をもった子どもの保育に専属で配置されていたり、障害児学級や養護学校にお勤めの先生もおられるでしょう。ただ、元来「普通児」の保育・教育が資格免許のベースにある場合、発想の「落とし穴」があることをお伝えしたいと思います。

どういうことかといいますと、「普通児保育・教育」ベースの発想には、「『目標』先にありき」という考え方が色濃いということです。それに続いて「『教材』先にありき」となりやすいことも指摘しておきたいと思います。

私が「発達につまずきのある子どもたちの療育」に関する講演会などでお話をさせていただくとき、現場の先生方から、たとえば「手先の不器用な年長の子に、どうやって『箸』の使い方を教えたらいいですか?」とか「体育の時間に『逆上がり』ができない生徒がいます。もう三年生なのですが、どのように教えたらいいのですか?」というたぐいの質問をよく受けます。「その年長さんの子どもに箸を使わせることが、本人の人生にとってどれだけの意味のあることなのか」そして「今のその子の手の発達レベルでは可能なことなのか」について質問しなおすと、考えてもみなかった、という返事が返ってくることも少なくありません。すべての先生方がそうだとは思いませんが、「はじめに目標ありき」の発想には、「○歳になったから○○をさせてあげよう」とか「指導要領では、○年生で○○を教えることになっている」といった発想にとどまってしまいがちで、ともすれば、ハウツー＝「方法論」ばかりを追い求めることにつながりやすいのです。

しかし、ここで「仮説」を立てていくことの大切さを強調しておきたいと思います。具体的にいうと、「『なぜ』、この子はまだ箸の操作ができないのだろう」「そもそも、箸が上手に使えるようになるためには、『どのような基礎的な発達』を積み上げておいてあげる必要があるのだろう」といった疑問に対する「仮説」です。そして、そのために必要なことは、「この子」の発達の状態を、できるかぎりくわしく「読み取る」ことなのです。ちなみに、学校教育の世界で「評価」というと、とかく「学力テスト」や「知能検査」あるいは「通知票」と同義語にとらえられがちです。でもここで申しあげたいことは、**目の前の「この子」がしめす状態像をしっかりと「把握すること」「理解すること」**が「評価」であるということです。

そういう意味で「評価」ということばを使ったとき、「はじめに『評価』ありき」の発想が、いかに重要であるかをお考えください。「評価」があるからこそ、そこから「なぜ、○○の状態になってしまうのか」についての原因や要因を「仮説」にもとづいて推論していくことができるのです。

ジグソーパズルの例で話をしてみましょう。たとえば、ここに三〇ピースのジグソーパズルがあったとしましょう。どこか適当な一ピースだけしかないときには、どんな絵が完成するか、かいもく見当もつかないでしょう。しかし、数ピースの絵が集まってくると「ひょっとして、これはチューリップの絵かもしれないな?」などと「推測」できるようになってきます。ある程度、ピースの位置が特定できると、まだ空いている部分にも「おそらく、ここにはもう片方の花びらの絵がはいるのではないだろうか」という「予測」も立ちはじめます。あたりまえといえばあたりまえでしょう。

でも、この発想が現場では必要になってくるのです。「パズルの絵全体」を、子どもの「発達像・状態像」と置きかえて考えてみてください。情報が少なすぎるときは、「なぜ、箸が使えないのか」がわかりません。しかし、いくつかの情報が集まってくると「アタリ」をつけることができるようになってきます。たとえば「手や指のイメージ」がまだ発達していないからではないか?」「その背景に、触覚や固有覚の未発達があるのではないか?」といった具合にです。そうすると、まだ見ぬピース、たとえば「子どもに目隠しをしておいて、指先に軽く触れてやっても、どの指が触られたかを答えることは苦手かもしれないな」「手探りで、物の形や素材、大きさを識別するのは下手かもしれない」という「予測」も立ちはじめます。

そして、実際にそうなるかどうかを試してみることが、次の計画にあがってきますね。これ自体が、「仮説」にもとづく次の「評価」です。

しかし、ここでももうひとつの「落とし穴」が待ち受けています。子どもの状態像の「事実」を読み取る＝「評価」することなしに、「まだ見ぬピース」を想定してしまう場合です。ジグソーパズルの例でいえば、赤いチューリップ以外にチラッと黄色い色がピースに見え隠れしていても、赤一色の絵であると確信しているようなものです。これは、事実にもとづかない判断なので、「仮説」というよりは「憶測」や「思いこみ」といったほうがよいでしょう。『目標』先にありき」の発想では、指導者側の「期待感」が「憶測」や「思いこみ」をつくりだす可能性があることも知っておいていただきたいのです。

こうして、すべてのピースが集まらなくても、ほぼ、この子の状態像やつまずきが読みとれるようになっていきます。さらに「仮説」は、この子にどのようなアプローチをしていけば、どういった面が育っていくか、あるいは回復していくかという「予測」も可能にしていきます。

「なぜ」の疑問には「原因仮説」で対応し、「どのように」の疑問には「方法仮説」で対応していく視点を、ここでは「療育的視点」と呼ぶことにしたいと思います。

ちなみに、「チューリップの花」についての知識がまったくなければ、たとえ全部のピースが出そろったところで「何の絵？」の疑問は解けないでしょう。「療育的視点」には、諸々の「疾患についての知識」や「発達についての知識」も必要になってくることをつけくわえておきたいと思います。本書の場合、「学習障害」や「注意欠陥多動性障害」「アスペルガー症候群」といった疾患はもとより、発達やそのつまずきについての予備知識がまったくない方にはチンプンカンプンになってしまうことはいたしかたありません。

「普通教育」や「普通保育」の世界では、「仮説」を立てることの大切さは重視されません。なぜならば、先ほども言いましたように、「自己挑戦力」と「自己修正力」に満ちた健常児ならば、年齢や時期を決めるだけで「○○ができるようになっているはず」という能力のレベルと幅が想定できるからです。いいかえれば「粒ぞろい」の子どもたちであるからです。だから、学校教育では学年ごとに「同じ教科書」を使えるのです。しかも、健常児の場合、子どもたちのほうから指導者にあわせてくれるので、「一斉」保育や「一斉」授業が可能なのです。

このことは、健常児には「個性」がないなどといっているわけではないので、誤解しないでください。発達につまずきがあったり「育てにくさ」をかかえた子どもたちは、単に年齢や時期がわかっても、その子の状態像や獲得している能力を想定できません。だから、こういった子どもを対象にするときに、指導者には「その子にあった教科書」をつくる力量が求められるのだということを述べたいのです。そして、その際には、指導者側の「思いこみ」ではなく、**根拠となる「評価」に基づいて「仮説」を立てることが優先されるアプローチ＝「療育的視点」**が不可欠なのです。

「職人芸」にとどまらず「専門職」としての技術へ

三章の冒頭であげた「表情」「視線・まなざし」「しぐさ・動作・行動」「発声」「姿勢」という「五つの手がかり」は、「感覚の交通整理」に問題がある子どもたちの場合、その表出にゆがみや偏りがでやすいものでした。それゆえ、指導者側の意に反して、子どものことを「誤解」してしまわないようお話しした次第です。ここからは、同じテーマを、もう少しちがった角度からみていきたいと思います。それは、**自分の実践を「ことば」に置きかえる努力**です。

一般的に、子どもたちの「気持ち」を読みとる能力は「保育者や教育者としてのカン・コツ」とも呼ばれるものかもしれません。あるいは、「実践家としてのセンス」といわれることもあるでしょう。しかし、「カンやコツ」「センス」といってしまったら、駆け出しの指導者が、この道二十年のベテラン指導者の水準に達するには、同じく二十年の月日が必要となります。元々「センスがない」人では、どんなに努力をしても無理！　といわれかねません。でも、もし、子どもの気持ちをどうやって読み取ったかを「言語化」できたとしたら、あるいは、何を読み取り誤ったかを「言葉で伝える」ことができれば、後輩たちは、より適切な関わりを見いだし、あるいは、同じ過ちを繰り返すことなく指導にあたれるでしょう。つまり、私たちは、自分の実践を「ことば」に置き換えることで、よりよい指導のあり方を「保育や教育の技術」として効率よく後輩たちに伝えていくことができるのです。ここでいう「技術」とは、単なるハウツーをいうのではありません。よりよき指導方法を模索していくときの「判断基準」のことをいいます。

ハイレベルの力量が、ある個人のなかに埋まってしまっているとき、それは「職人芸」といわれるものになります。「職人芸」を否定するつもりはありませんが、子どもたちの保育や教育にたずさわるときに、この「業界」全体が発展していくためには、ひとりの経験の積み重ねを、できるだけ多くの現場の職員たちと「共有」していく必要があるのです。そのためにも、日ごろから「ことば」に置きかえて「語りあう」、「文字」にして「伝えあう」努力が大切なのです。「何となく、この子の気持ちが伝わってきた」ではなく、はっきりと「読みとった基準」を自覚し「ことば」にしていく、その営みをとおして、その職種が「専門職」として発展していくものだと思います。第三章で、あえて「五つの手がかり」を言語化して挙げたのは、こういった理由からでもあります。

「親」の役割と「職員」の役割

よく、現場で「親の立場に立って」などということを耳にしますが、保育士、教師、指導員、はたまた私のような療育者といった「職員」は「親」や「子ども」の立場に立てるのでしょうか？　ヒューマンな気持ちからは、このいいまわしに共感するところはありますが、私の見解としては、「『職員』は、『親』の立場には立てないし、立ってはいけない」と考えています。理由はごく簡単です。そもそも、「親」と「職員」は対等ではないからです。

では、「親」と「職員」では何がどうちがうのでしょうか。まず言えるのは、

(1)「職員」は嫌になったら「辞める」ことができる

ということです。職員の方々のなかで、「生涯、この職業から離れられない」という方はいらっしゃるでしょうか？　この仕事が好きだからやりつづけるというのは別の話です。「職員」には、嫌になったら辞めることができるという「職業選択の自由」が「権利」として保障されています。だから、「この子」とのかかわりも、

あくまで仕事であり社会的な契約関係にもとづくものです。それに対して、「親」は子育てをするという義務から逃げられないという現実があります。ましてや、その子が「育てにくい」子どもであったとしてもです。「親」には、嫌になっても「辞める」ことはできません。もっとも、家庭裁判所へ行って、親権を返上するなどの逃げ道があるのかもしれませんが、これは別の次元の問題です。

(2)「職員」は「給料」をもらっている

ここでも「職員」は、「親」とはちがいます。「教師生活をこの二〇年間、無給でやってきました」なんて方はいないでしょう。「職員」は、子どもたちの保育・教育・療育することの対価として、「給料」をもらうことが「権利」として保障されています。「親」は、これも当たりまえですが、子どもと向かいあいながらも「無給」で育てています。

いかがですか？　「親」と「職員」では、そもそも保障されている「権利」がちがうのだということです。

それでは「義務」についてはどうでしょう？

「親」は「辞める」こともできず「無給」で育て続けているかぎり、基本的な「義務」を果たしている、というのが私の意見です。いわゆる虐待があったら「親」としては不合格です。「親」の義務をはたしたことにはならないどころか、今の時代では「虐待防止法」にもとづいた処罰の対象となります。しかし、そうではなく、毎日ちゃんと風呂に入れてあげて、食事をつくってあげて、着替えをさせて洗濯もして……と、「親」の義務をはたしているのだったら、下手な子育てでもいいのではないでしょうか。さらに、つっこんでいうと、わが子を可愛く思う「義務」もないですよね。だって、

(3) 「親」は、「無資格」「無試験」でなれるもの

だからです。ときには「無自覚」のうちに「親」になっていたなんてこともあるでしょう。それでも「虐待」さえしていなければ、合格！ より上手な子育てができるように努力されることは大切ですが、これも「義務」ではないでしょう。

■「楽しい」子育てと、「正しい」保育・教育・療育

このように、「親」と「職員」の立場の違いを明確にしていったとき、「職員」の側には保障されている「権利」に見あった「義務」があることを自覚しなければなりません。それは、「親」が楽しい子育てを模索する「権利」が保障されることに対して、「職員」には正しく保育・教育・療育をしていく「義務」があるということです。

「楽しい」子育てという意味は、おもしろおかしくではないことはおわかりいただ

だけるでしょう。「親」には、「自分の個性」にあった、「自分らしい」子育てをしていく「権利」があるという意味です。それに対して、「職員」には、目の前のこの子にとって、最も必要とされる課題を見いだし、「正しい」指導を行っていく「義務」があるのです。そして、その「義務」を果たすためにも、「よき理解者」であることが大切ですし、子どもたちにかかわる諸々の分野について、貪欲に学んでいく努力も必要です。ましてや、対象となる子どもの発達につまずきや遅れがある場合には、先の「発達的視点」や「療育的視点」が必要なことは言うまでもありません。

もし、それが重圧だと思われる「職員」の方がおられたなら、きつい言い方になるかもしれませんが、早々に「職業選択の自由」という権利を行使し、自分にあった業種に就かれることをお勧めします。そのほうが、ご本人にとっても子どもたちにとっても幸せではないでしょうか。

■「指導」ではなく「支援」の対象としての「親」

さらに、「親」には、「楽しく」子育てに向かうためのアドバイスを受ける「権利」があってしかるべきです。もし、子育てで行きづまっていたり、ましてや、わが子に対して「育てにくさ」を感じているときには、その原因や解決法をアドバイスしてもらう「権利」があるはずです。そして、その親の「権利」を保障するために奮闘するべき「義務」を負っているのが私たち「職員」なのです。

関係がぎくしゃくしている親子を目の前にして、親に「あなたの育て方がまちがっている」と言うことはたやすいものですが、それでは「義務」を果たしたことにはならないでしょう。子どもの側の特性（発達像や障害像）と親の特性（キャラクターやパーソナリティー）をしっかりと見抜いて＝「評価」したうえで、適切な解決策を提案する必要があるのです。

それは、「親指導」ではなく「親支援」なのです。「指導」は、多かれ少なかれ指導する側が優位に立ち、指導される側は低い位置になります。しかし、「親」は指導を受けに私たちの前にあらわれるのではないのです。確かに、子どもは「指導」の対象なのでしょうが、「親」はサポートして欲しくて来るのです。「縁の下の力持ち」として、相手のニードを汲みとりながらかかわっていくことを「支援」といいます。

現場で、先生が「親」を「指導」しようとしたがためにトラブルを起こしている場面をよくみかけます。「親指導」ではなく「親支援」という視点を忘れないように、日々の実践に臨みたいものです。

なお、その際に、保育・教育・療育に携わる「職員」は、善意と熱意の大義名分で、自分の価値観＝「理想的な（母）親や家族像」を、押しつけてしまう可能性が大きいことを自覚しておくとよいでしょう。「問題児を育てている（母）親たるもの、こうあらねばならぬ」というものです。もちろん、そこに悪気はないのは重々承知のうえの話です。しかし、「職員」である自分がもっている価値観を問い直すことなく無自覚のままでいると、つい発してしまう無造作なことばが、「親」の心を傷つけることは多々あることです。

■「ホームプログラム」をアドバイスできる力量

「親」は、わが子の育ちに問題が生じると、不安におそわれるものです。その際に、かならずしも「どうすればよいか」という方法だけではなく、どうしてこんな状態にあるのかという原因や理由についての「説明」を受けるだけで、落ち着く場合があります。あるいは、この先どう育っていくのかという「見通し」が見えてきただけで、その「親」本来の子育て能力が発揮できることも少なくありません。

それらについてのアドバイスを受ける「権利」が「親」にあることはくりかえし述べてきた通りですが、保育・教育・療育にたずさわる職員たちには、「原因の説明」「見通しの説明」「対処法の説明」ができるだけの力量を備えていく努力が大切です。

そして、最後に親が家でできる「ホームプログラム」までアドバイスできればと思います。ただし、五つの条件を満たしていることを大切にしたいのです。それは、

(1) わかりやすくて
(2) お金もかからず
(3) 時間もかからず
(4) 労力もかからず
(5) 効果が大きい

というものです。

さらに、「ホームプラグラム」は療育効果を上げていくことを第一義とするのではなく、親の「自己有能感」の回復をはかるために提供したいものです。発達のつまずきをもつ子どもを育ててきた親は、まさに「親としての自己有能感」をそぎ落とされながら暮らしていることが多いものです。そのなかで、子どもへのアプローチで、「先生」だったら上手にできるのに、親である私ではダメだ、というものであったら、さらに「自己有能感」は下がっていくでしょう。「親」である私でも、目に見えて効果をあげることができたとき、「私でも育てられる、伸ばしていける」という自信につながるものです。これこそが「職員」の立場で果たす役割といえるのではないでしょうか。

親の数だけ育て方がある

今の時代、発達のつまずきがなくても、子育てで悩んでいる人は多いものです。ましてや、わが子が「育てにくい」子どもなら、子育てに悩まないはずがありません。

落ちつきなく走りまわっていたり、コミュニケーションが取りづらかったり、人慣れや場慣れができなかったり、すぐにかんしゃくを起こしたりなどの状態像が強いほど、「親」としてとまどうことは多いでしょう。

こういう仕事に長年たずさわってきた私でも、わが子には、やっぱり問題なく生まれ、順風満帆に育っていってほしいと願います。客観的には、一定の確率で発達につまずきのある子どもが生まれてくるという知識はあってもです。「一夜あけたら、問題のない子になっていて欲しい」と願っているかもしれません。もし薬で治せるものなら、一億円の借金をしてでもその薬を手に入れたいと考えるでしょう。あるいは脳の手術を受ければ治ると聞けば、何百万円出してでも手術を受けさせたいと思うかもしれません。それが親心です。

さらに、それが「治らない」ということがわかりはじめてきたり、自分の意にそぐわないかたちで子どもが問題を起こすという現実が見え隠れしたら、親としての気持ちはどんなものでしょう。子どもの問題を人から指摘されたら、「そんなことないよ、うちの子は四歳半なんだけど、もう字だって書けるし」とか「個性的な子どもなのよ」というバリアーを張りたくなるものです。突出している部分をひけらかしてでも、「うちの子は賢い子なのだ」と言いたくなる。親ってそういうものだと思います。

そういう親の態度に対して、「子どもの障害受容ができていない」とか「親の見栄で子どもを育てている」という批判が飛び交ったりします。私も、そのままの「親」でいいとは思いませんが、でも、それくらい自分の人生の延長上にわが子を置くことができるから、親バカにもなれるし、自分の命を張ってでも、子どもの守り手になれたりもする。「親」というものの存在は、そういうところからとらえていく必要があるのではないでしょうか。

杓子定規に子どもの育て方を、ひとつの型にはめようとするのは、どだい無理な話です。「親」の数だけいろいろな育て方があってもいいのだし、親のほうは、自分ができない部分は「先生」と呼ばれる人に委ねてしまえばいいのです。「先生」と言われる人をつかまえて、「うちの子は、こんなに育てにくいの。どうすればいいの?」と聞いていけばいいのです。「職員」はそれに対してちゃんと答える義務があります。答えられないのなら、答えられるように勉強すればよいだけです。

これから先、どうか、そうやって親身になって考えてくれる、本当の子どもの姿を見据えてくれる保育士・教師・療育士を見つけてください。かならずしもそれが担任であるとは限らないでしょう。でも、保育園で、学校で、通園施設で、「この先生とだったらわかり合える」という人が見つかるはずです。通っているところで見つからないのなら、ほかにも情報網を伸ばしてみましょう。きっと、きっとあなたの素晴らしいサポーター（支援者）が見つかるはずです。

あとがき

二〇〇三年三月に、中川信子先生から「本を出版しませんか」とのおさそいがあったのが事のはじまりでした。中川先生については、現在「子どもの発達支援を考えるSTの会」（下記ホームページ参照）の代表をなさっておられますし、多くの著書もあるのでご存知の方も多いでしょう。その前の年に、東京大学の汐見稔幸先生が会長をなさっておられる「臨床・育児保育研究会」（下記ホームページ参照）で、感覚統合のお話をさせていただいたときにも、中川先生からそれらしき話題がでていました。それで、つい「がんばってみます！」なんて返事をしてからが悪戦苦闘の日々でした。元来、しゃべることは平気なのですが、私にとって、文章を書くことは「産みの苦しみ」なのです。

遅々として進まない執筆状況から、とうとう、講演会で話した内容のテープ起こしから構成をしていくことになったのが二〇〇四年の夏でした。それから一年半もの年月がかかって、今ようやく「産声」をあげることになった次第です。いずれにしても、中川先生には、最初の一声からその後のフォローにいたるまで、本当に感謝いたします。

ST＝言語聴覚士
子どもの発達支援を考えるSTの会ホームページ　http://www.kodomost.com/
臨床・育児保育研究会ホームページ　http://www.ikuji-hoiku.com/

さらに、刊行にたどり着くまでの、大月書店編集部の松原忍氏と岩下結氏の忍耐力はもとより、テープ起こしから編集の多岐にわたって多大な力添えをしていただいたオレンジプランニングの江頭恵子氏、そして、内容を理解したうえでわかりやすい挿し絵を描いてくださった(有)大枝プロディールの大枝桂子氏にも心から感謝を申し上げます。また、私の臨床経験のなかで出会った数多くの子どもたちとその親御さんたち、とりわけ「事例」のモデルになった子どもたちにもお礼を申し上げたいと思います。本当にありがとうございました。

この期に及んでも、私にとっては、まだまだ内容が練りあがっておらず、書き直したいところだらけです。表現の難しいところはごめんなさい。私自身が理解しきれていないからでしょう。まどろっこしい部分もごめんなさい。話しことばなら、適当に言いかえて説明してしまっていたところなのでしょう。でも、この本を読んでくださった親御さんが、ひとつでも「わが子を愛しく思う」きっかけになってくだされば、そして、現場の先生方が、ひとりでも多く「子どもたち、生徒たちのよき理解者」になってくだされば、との願いをこめて送り出したいと思います。

二〇〇六年一月末日　長女の九歳の誕生日に

木村　順

■参考文献

（1）文部科学省（特別支援教育の在り方に関する調査研究協力者会議）「今後の特別支援教育の在り方について（最終報告）」二〇〇三年
http://www.mext.go.jp/b_menu/shingi/chousa/shotou/018/toushin/030301.htm
（2）有田秀穂『セロトニン欠乏脳』NHK出版、二〇〇五年
（3）福島章『子どもの脳が危ない』PHP研究所、二〇〇一年　一〇―一九頁
（4）日本子どもを守る会編『子ども白書　一九八五年版』草土文化、一九八五年
（5）日本子どもを守る会編『子ども白書　一九九五年版』草土文化、一九九五年
（6）正木健雄『子どもの体力』大月書店、一九七九年
（7）正木健雄・野口三千三編『子どものからだは蝕まれている』柏樹社、一九七九年
（8）正木健雄『おかしいぞ子どものからだ』大月書店、一九九五年
（9）正木健雄『データが語る子どものからだと心の危機』芽ばえ社、二〇〇二年
（10）中村和彦『子どものからだが危ない！』日本標準、二〇〇四年
（11）東茂由『子供の体に異変が起きている』河出書房新社、一九九九年
（12）清川輝基『人間になれない子どもたち』枻出版社、二〇〇三年
（13）瀧井宏臣『こどもたちのライフハザード』岩波書店、二〇〇四年
（14）朝倉征夫『子どもたちはいま――産業革新下の子育て』学文社、二〇〇一年
（15）片岡直樹『テレビ・ビデオが子どもの心を破壊している』メタモル出版、二〇〇一年
（16）森昭雄『ゲーム脳の恐怖』NHK出版、二〇〇二年
（17）増田他編『今「子供」が危ない』ウータン驚異の科学シリーズ⑩、学研、一九九二年

(18) 市川隆一郎『子供たちからの警告』相模書房、二〇〇四年
(19) 斉藤孝・山下柚実著『「五感力」を育てる』中公新書ラクレ、二〇〇二年
(20) 山下柚実『五感の故郷をさぐる』東京書籍、二〇〇一年
(21) A. Jean Ayres著、宮前珠子・鎌倉矩子訳『感覚統合と学習障害』協同医書、一九七八年
(22) A. Jean Ayres著、佐藤剛監訳『子どもの発達と感覚統合』協同医書、一九八二年
(23) J. B. de Quiros・O.L.Schrager著、鷲田孝保他訳『学習障害児のリハビリテーション』協同医書、一九八二年
(24) A. Jean Ayres著、Anne Henderson他編、佐藤剛監訳『エアーズ研究論文集I』協同医書、一九八八年
(25) 感覚統合障害研究会編『感覚統合研究　第一集~第九集』協同医書
(26) 佐藤剛監修、永井洋一他編『感覚統合Q&A』協同医書、一九九八年
(27) 村井潤一編『発達の理論をきずく』(別冊・発達4) ミネルヴァ書房、一九八六年
(28) 浜田寿美男他編『発達論の現在』(別冊・発達10) ミネルヴァ書房、一九九〇年
(29) 浜田寿美男『「私」というもののなりたち』ミネルヴァ書房、一九九二年
(30) 下條信輔『まなざしの誕生——赤ちゃん革命』新曜社、一九八八年
(31) 山田洋子『ことばの前のことば』新曜社、一九八七年
(32) 田中千穂子他編『発達障害の心理臨床』有斐閣、二〇〇五年
(33) 別府哲『障害児の内面世界をさぐる』全国障害者問題研究会出版部、一九九七年
(34) 宇佐川浩『障害児の発達臨床とその課題』学苑社、一九九八年

著者略歴

木村　順

（きむら・じゅん）作業療法士（OT）。1957年生まれ。日本福祉大学卒業後、金沢大学医療技術短期大学部（現、金沢大学保健学科）に進学し、資格取得。足立区の「うめだ・あけぼの学園」にて臨床経験を積み2002年3月に退職。2005年4月から「療育塾ドリームタイム」を立ち上げ、「訪問療育」を展開しつつ、十数ヶ所の「親の会」での療育を手伝ったり、療育機関での非常勤OTを兼務する。妻も同分野で働くOT。年少の娘・年長の息子・小四の娘という三児の父でもある。

連絡先　Eメールdream@ufufu.net

◉企画協力——新日本医師協会東京支部

◉編集協力——江頭恵子

◉本文イラスト——大枝桂子

子育てと健康シリーズ㉕

育てにくい子にはわけがある

2006年 3月10日　第1刷発行

2025年 7月15日　第40刷発行

定価はカバーに表示してあります

◉著者——木村　順

◉発行者——中川　進

◉発行所——株式会社　大月書店

〒113-0033　東京都文京区本郷2-27-16

電話（代表）03-3813-4651

振替00130-7-16387・FAX03-3813-4656

https://www.otsukishoten.co.jp/

◉印刷——佐藤印刷

◉製本——中永製本

ISBN 978-4-272-40325-7　C0337